AF189809

Im Flüstern verlassener Orte

Sternenblick e.V.

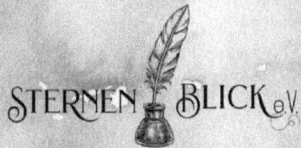

Bibliografische Information der Deutschen Nationalbibliothek:
Die Deutsche Nationalbibliothek verzeichnet diese Publikation in der
Deutschen Nationalbibliografie; detaillierte bibliografische Daten sind
im Internet über http://dnb.d-nb.de abrufbar.

www.sternenblick.org
kontakt@sternenblick.org

Herausgeberinnen:
Stephanie Mattner & Dagmar Tollwerth

Cover- & Buchgestaltung:
Stephanie Mattner

Textkorrektur:
Sabine Wreski & Nadja Felscher

Rechte der Gemälde im Buch & auf dem Cover:
© Neusa Sobrinho Amtsfeld

Rechte der Grafiken im Buch:
© Julia Dreams

Herstellung und Verlag:
BoD – Books on Demand, Norderstedt

ISBN: 978-3-7504-0520-2

Hanni Münzer

VORWORT

Liebe, Hoffnung, Frieden.

So lauten die letzten drei Worte in diesem Buch. Und es sind auch seine ersten.

Anfang und Ende, sie bedingen einander. Das Leben ist ein Kreis, nichts vergeht wirklich. Die Natur kennt keinen Tod. Alles ist im Werden. Alles ist Wunder. Alles ist Schönheit.

In dieser Anthologie blicken wir auf verlassene Orte. Ihre Flüchtigkeit, Endlichkeit, Vergänglichkeit. Wir begegnen der Melancholie des Gestern, schauen durch den Schleier vergangener Träume, lauschen der Stille alter Sehnsüchte. Stille ohne Zeit. Stille ohne Lachen. Sonne ohne Licht, Herz ohne Schlag, Tür ohne Schwelle, Muscheln ohne Sand, Erde, Staub.

Monumente aus Beton, Stein und Glas, von Menschen geschaffen, von Menschen verlassen. Doch das Leben ist noch da. Die Schöpfung vergisst nicht. Wir lauschen dem Zwitschern der Vögel, hören das Rascheln im Laub, durch das kleine Krallen tippeln, folgen mit erstauntem Blick dem taumelnden Flug eines Schmetterlings. Sehen das Grün, schmecken das Gras. Natur, dornröschengleich wachgeküsst, spaltet sie Beton, rankt sich um Stein, klettert Stufen empor. Erobert die Orte der Menschen zurück.

Und wir erinnern uns. An Sternenträume, Himmelslichter, Kinderlachen. Mit jedem Wort, mit jeder Erinnerung entzünden wir den Funken der Schönheit. Worte in Lichtersprache. Und das Dunkel schwindet.

Kein Mensch und kein Ort sind wirklich vergessen oder verlassen, solange wir uns an sie erinnern. Und das tut dieses wunderbare Buch.

Carolin Sandner

DIE ENDLICHKEIT DES DASEINS

Von jeher haben verlassene Orte gleichermaßen zwei verschiedene Gefühle bei mir ausgelöst: Faszination und Unwohlsein. Faszination ob der immensen Stille, die an solchen Orten wahrnehmbar ist und der kaum in Worte zu fassenden Vorstellung, dass all das Stimmengewirr, der Trubel, die Lebendigkeit, die einst hier vorherrschten, jetzt der Stille gewichen sind. Stille, die so laut ist, dass das Trommelfell fast platzt. Stille, die bedrängt, erdrückt, Stille, die mich verstummen und in Ehrfurcht versinken lässt. Stille, die Gänsehaut auf meinen Armen verursacht. Nein, Menschen sind hier keine mehr! Aber all ihre Geschichten, all ihre Sorgen und Nöte, ihre Freudenschreie und ihr Glück bleiben in der Atmosphäre gespeichert und umklammern mein Herz, wenn ich an einen verlassenen Ort gelange. Jedes kleinste Detail an verlassenen Orten inspiriert mich, lässt mich Geschichten erfinden aus anderen Zeiten, anderen Welten. Manchmal fühlt es sich so an, als ob der Ort soeben erst verlassen wurde. Wenn man sich Staub, Schimmel, Moder und Verfall wegdenkt, wäre es möglich, dass dort gleich wieder Leben stattfindet. Ein Fenster steht offen. Gleich kommt wer und schließt es. Ein Gebetbuch liegt noch in der Bank, vielleicht benutzt es bald wieder jemand. Doch der Verstand weiß: Nein, nie wieder wird dieser Ort der werden, der er einmal war. Er wird immer weiter verfallen, immer mehr herunterkommen, Berge von Schutt und Staub in sich beheimaten, bis sich vielleicht irgendein gnädiger Mensch eines Tages dazu herablässt, diesen Ort dem Erdboden gleichzumachen. Dann wird es diesen Ort nicht mehr geben, und mit ihm stirbt dann auch die Atmosphäre, die ihm wenigstens geblieben war, nachdem Menschenleere Einzug gehalten hatte. Und genau das löst Unwohlsein bei mir aus. Die Gewissheit, dass dieser Ort verlassen ist. Einsam, unbewohnt, unbelebt.

Kein Puls ist mehr spürbar. Es ist ein toter Ort. Genau so wird es einmal sein, wenn ich nicht mehr bin. Mein Lachen wird verhallt, mein Zorn verraucht, meine Tränen für immer versiegt sein. Alles, was mich ausgemacht hat, alles, was ansteckend auf andere gewirkt hat, wird vermodern, verstauben, verfallen und früher oder später dem Erdboden gleichgemacht. Mit ganz viel Glück wird man noch einige Zeit um uns wissen, um den verlassenen Ort wie um mich. Doch eines Tages, wenn nurmehr ein winziges Staubkörnchen übrig ist, ist man vergessen. Die Endlichkeit des Lebens ist nirgends stärker spürbar als an einem verlassenen Ort. Und trotzdem, oder gerade deshalb halte ich mich so gern an ihm auf!

Frank Dyczka

Eine unerwartete Erbschaft

Es war an einem Tag im Frühjahr, der noch heißer war, als die meisten Tage im Sommer. Fernab von der nächsten größeren Stadt fuhr ein wohl mehrere Jahre altes Auto mit knatterndem Motor über die staubigen Feldwege. Stacheliges Gras stak an den Wegesrändern empor. Die Luft hatte bereits einen schweren, gemächlichen Geruch an sich, der aber noch nicht ganz so stark war wie im Sommer. Das Auto näherte sich einem alten Haus, das inmitten eines verwilderten Gartens stand. Der Fahrer hielt den Wagen draußen vor dem Gatter an und stieg aus. Das also war der Nachlass seines entfernten Verwandten: Ein altes, mehrstöckiges Herrenhaus in einem von Unkraut überwucherten Garten. Es sah wie ein Haus aus einem verwunschenen Märchen aus: Die hölzernen Fensterläden vom Wetter zerfressen, die Dachpfannen brüchig und verwittert, das morsche Gestein vermoost. An dem rostigen Eisengatter rankten die Brennnesseln in die Höhe.

Als der Mann die Haustür aufschloss, leistete das Türschloss zaghaft Gegenwehr. Er hoffte, das Innere des Hauses wäre gepflegter als die Fassade. Der Mann setzte seinen Fuß auf knarrende Holzdielen und schaute sich um. Es war kurz vor dem Mittag. Die Sonne schien durch milchig graue, teils von Spinnweben überzogene Fenster herein und tauchte die Räume in eine klare Stille. Es gab nicht viel. Hier ein rustikaler Esstisch, dort ein alter Bauernschrank, eine Truhe mit ein paar mottenzerfressenen Wolldecken darin. Alles in dem Haus war von einer dünnen Staubschicht überzogen. Der Mann atmete ihren stumpfen, trockenen Geruch ein.

Auch in den oberen Stockwerken war das Bild nicht viel besser. Hier und dort standen eingestaubte Möbelstücke herum, vorwiegend alte Stühle. In den Schlafzimmern waren noch die Betten mit muffeligen, durchgelegenen Matratzen darauf. Es gab eine Ankleide, in der einige abgetragene Kleidungsstücke hingen und in einem Salon standen ein eingestaubtes Kanapee und einige dazugehörige Sessel. Das Prunkstück des Hauses aber war offensichtlich das Arbeitszimmer des Verstorbenen. Das ganze Zimmer war überfüllt von Büchern, die sich auf sämtlichen Ablageflächen türmten. Mehrere Bücherregale reichten bis unter die Decke, und auch in diesen stapelten sich die Bücher. Es handelte sich dabei überwiegend um wissenschaftliche Bücher über Naturkunde, Alchimie oder Astronomie. Sie waren in allerlei Sprachen verfasst, die der Mann nur zum Teil erkannte. Einige der Bücher waren sehr alt. Es waren sogar handschriftliche Exemplare dabei. Auf einem massiven Schreibtisch lagen neben den Büchern lauter Papiere mit filigran beschriebenen, schwer verständlichen Notizen, voller fremdartiger Symbole und komplizierter Rechenformeln. Ein kleines Regal war auf den Schreibtisch aufgesetzt. Darin standen Chemikaliengläser, angefüllt mit farbigen Pulvern; davor eine Balkenwaage und ein Tintenfass. An der Wand über dem Schreibtisch hingen zwei gerahmte Lithographien, die unterschiedliche Mineralien abbildeten. Außerdem gab es in dem Raum ein Messingteleskop auf einem Stativ und einen Eimer voller aufgerollter Sternenkarten. Alles war voller Staub und Spinnweben. Der Mann seufzte. Es würde viel Arbeit sein, das Haus in Schuss zu bringen.

Etwas später ließ er heißes Wasser in einen Eimer laufen. Er beobachtete wie die Seife Blasen schlug. Der weiße Geruch des Seifenschaums stieg mit dem Dampf des Putzwassers empor. Der Mann begann die Fußböden zu wischen. Diele für Diele. Zimmer für Zimmer. Er entwickelte eine unglaubliche Langsamkeit bei dieser Arbeit. Stunde um Stunde verstrich. Er putzte auch die Fenster, wischte Möbelstücke ab und irgendwann am späten Nachmittag fand er sich mit wirren Haaren und kalten Fingern in einem der Badezimmer wieder, wo er gerade mit einem Schraubenzieher den Kalk von den Rohren kratzte.

Erst am Abend legte er eine Pause ein. Er setzte sich in einen der Sessel im Salon. Die Sonne schien müde durch die Fenster. Sie stand schon recht tief. Der Mann bemerkte, wie schwer seine Glieder geworden waren, die Muskeln hart und stumm. Seine schwieligen Hände schmerzten. Mit dem Eintreten der Dämmerung überkam ihn mehr und mehr die Erschöpfung. Sie schlich sich leise an, bevor sie ihn niederdrückte. Als ihm die Augen zum ersten Mal zufielen, döste er nur für einen Moment. Als sie sich zum zweiten Mal schlossen, hörte er noch die Stimmen der Vögel, die aus dem Garten ins Haus drangen. Zum dritten Mal fielen ihm die Augen zu, da konnte er sie nur mehr mit Gewalt wieder aufreißen. Doch die Erschöpfung gab nicht nach. Alle seine Versuche, sich gegen sie zur Wehr zu setzen, waren umsonst, und so ergab er sich schließlich in einen tiefen und traumlosen Schlaf, die Sinne abgeschnitten von der Welt.

Mitten in der Nacht schreckte er auf. Er hatte ein Geräusch gehört. Ein Geräusch, das klang wie der Schrei eines hellen Lichts. Es kam von irgendwoher aus dem Haus. Der Mann lauschte. Nichts. Nur das Zirpen der Grillen. Mittlerweile war es stockdunkel geworden. Allein ein fahler Mond zerschnitt die Finsternis und leuchtete durchs Fenster. Es dauerte eine Weile, bis sich die Augen des Mannes an die Dunkelheit gewöhnt hatten. Er bewegte sich durch die schattenhaften Räume. Da war es wieder. Für einen Moment vermeinte der Mann, ein Schreien gehört zu haben. Er spürte nach, aus welcher Richtung es gekommen war. Schritt für Schritt näherte er sich so dem Arbeitszimmer. Aber in dem Zimmer war nichts Besonderes. Es war beinahe noch so wüst wie bei seiner Ankunft. Allerdings sah es im Dunkeln noch unheimlicher aus. Seine Augen suchten das ganze Zimmer ab: Den Schreibtisch, welcher voller Bücher und Notizpapiere war, das aufgesetzte Regal mit den Chemikaliengläsern, die Balkenwaage und das Tintenfass, die Lithographien an der Wand, das Teleskop, die Sternenkarten und zuletzt die Bücherregale – und dann bemerkte er etwas, das ihm zuvor entgangen war. Halb verdeckt von einem der Bücherregale war an der Decke des Zimmers eine Klappe zu erkennen, die offenbar zum Dachboden führte. Unter nicht geringen Anstrengungen räumte der Mann das Bücherregal beiseite. Er öffnete die Klappe, so dass eine lange, hölzerne Ausziehleiter von der Decke herunterklapperte. Dann stieg er zum Dachboden hinauf. Es war hier noch dunkler als unten im Haus. Schemenhaft zeichneten sich die Umrisse allerlei aussortierter Dinge ab. Aufgerollte Teppiche, ein Schaukelstuhl, einige Kartons, auf denen sich Wolldecken stapelten, ein Regal voller Glaskolben, Messbecher und anderer Gerätschaften, eine Bürette, ein altes Radio, ein Schießgewehr und ausgestopfte Tiere, in deren Augen sich das Licht der Nacht spiegelte. Der Mann tastete sich durch das Dunkel. Er bewegte sich instinktiv auf eine alte, eisenbeschlagene Truhe zu, die unter einer der Dachschrägen stand. Er zog die Truhe unter der Dachschräge hervor. Sie war schwer. Die Eisenscharniere quietschten leise, als er den Deckel der Truhe anhob. Er spürte sein Herz heftig schlagen, als er in die Truhe schaute. Denn was er fand, hatte er gewiss nicht erwartet. Im Inneren der Truhe war das gesamte Universum. Es leuchtete dem Mann ins Gesicht, als er es mit staunenden Augen betrachtete. Vor ihm taten sich die unendlichen Himmelsweiten auf. Das unvergängliche, dunkle Firmament und dazwischen die funkelnden Gestirne. Mit einem Mal hatte er alles im Blick. All die Himmelskörper, die ihren eigenen Gesetzen folgten, Galaxien bildeten und Filamente. Sie versprühten ihren Glanz, wo immer sie sich ihren Weg bahnten, und dort, wo sie vergingen, hinterließen sie eine unmerkliche Spur, einen Hauch von Sternenstaub. Ihr Licht schien für ihn zu tanzen. Es breitete sich unaufhörlich aus, das Weltall in der Truhe, und seine Augen folgten ihm. Je länger er es betrachtete, umso mehr gab es von dem ewigen Geheimnis preis, das ihm zugrunde lag. Und dann tat er etwas, das sein Leben für immer verändern sollte: Er atmete es ein, das Nichts und all die Himmelskörper, so dass er vollkommen davon erfüllt wurde. Wenn man ihm tief in die Augen schaut, kann man es sehen.

Dörte Müller

ZURÜCKGEKEHRT

Alte Mauern
schützen ein Geheimnis
Verwelktes Laub
wirbelt durch die Luft
Ich zittere
doch nicht vor Kälte
Ich schließe die Augen
und kann sie hören
Stimmen, die mich rufen
immerzu
Ich bin hier
an diesem Ort
nach so langer Zeit
Endlich!

Lichtlose Fenster
Blicke
in die Vergangenheit

Stephanie Mattner

Ralf Rodrigues da Silva

VERGÄNGLICHE VERGÄNGLICHKEIT

Die Zeit
lässt nicht nur Häuser
ungefragt
allein zurück:
Gebäude von Gedanken
raubt sie grad ebenso
ganz unbarmherzig mir;
entzieht den Blick.

Geblieben, verschwommene,
ohne-Worte-Zeitwohnorte

Frag mich, frag sie:
Wo und wer ich bin?
Noch gestern
auf das Heute hingeschaut,
erinnert mich das Jetzt
ans Damals:
Ungeschönt, doch ungebrochen
wilde Schönheit überall;
gedankenversunken
geb' ich mich leidenschaftlich
ihrer hin.

Gewesen, verflossene,
altvertraute Sehnsuchtsorte

Lasst wohl Vergang'nes
um mich sein:
Doch kreist die Gegenwart
allgegenwärtig –

der Geschichte,
Ohnmacht übermächtig;
ja, sie greift sich Raum:
Verlassen heißt
Vergänglichkeit.
Der Weg dahin,
er bleibt beschwerlich.

Gewonnen, verlass'ne,
längst durchlebte Fremdwohnorte

E.C.M. Tüx

Der Ort deiner Kindheit

so leer dieser Ort
die Spuren der Vergangenheit
nur in deiner Erinnerung
blankgewischt der Boden
wo einst Kinder spielten
kein Lachen
keine bunten Farben mehr
kein Tisch
kein Stuhl
kein Kinderbett

so leer dieser Ort
die Spuren der Vergangenheit
nur als Widerhall der Stimmen
in deinem Kopf
welche die verlassenen Räume
mit Leben füllen
kein Hund bellt
keine Katze schnurrt behaglich auf dem Fensterbrett
kein Wellensittich
der mit den Zierfischen spricht

so leer dieser Ort
die Spuren der Vergangenheit
als Duft in deiner Erinnerung
überlagern die vorherrschende Stille
wo alles fortgezogen ist
kein Kaffee mehr am Frühstückstisch
kein Lavendelstrauch neben der Eingangstür
kein Geruch frischer Wäsche an der Leine in der Kammer

so leer dieser Ort
keine Spuren der Vergangenheit
für andere Menschen erkennbar
nur für dich auf ewig in der Erinnerung gespeichert
all die bunten Bilder
Geräusche
und Gerüche
welche diesen Ort
einst mit blühendem Leben erfüllten
und ihn für dich
auf immer als den Ort deiner Kindheit
bewahren werden

Ulrike Schmidt

SEELENSCHREI

Zur Suchenden bin ich geworden,
einsam die Wege, die ich gehe.
Von all dem, was ich halten möchte,
entgleitet viel zu viel.

Aus glaslosen Fenstern wachsen blattlose
Zweige, weht welkendes Laub.
Hinter verfallenen Mauern modernde Balken,
kein erhellendes Licht, das meine Ängste nimmt.

Was auch immer ich im Leben als
schön empfunden, es ist verschwunden.
Das langsame Verblassen der Farben
lässt ahnen, lässt ahnen.

Sehnsucht nach Vergangenem lauert
hinter den noch bestehenden Wänden.
Vielleicht als Widerspruch zum Gewesenen?

Die Nacht geht, schon drängt der Tag.
In Einsamkeit und Stille warte ich auf
die Umarmung des Windes. Sein Atem wird
mich würdevoll aus geschehenen Stunden tragen.

Pitt Büerken

HINTER SICH SCHLOSS ER DIE TÜR

Er nahm mit schleppenden Schritten die letzten Stufen der Treppe und schwenkte oben nach links auf den Flur. Am Ende des kurzen Gangs streckte er seine Hand nach der Türklinke aus. Dann stockte er unsicher. Seine Gedanken drehten sich im Kopf. Erst nach einer Weile, die er so verharrt hatte, gab er sich einen Ruck, hielt die Luft an, drückte die Klinke mit einem harten und plötzlichen Druck und trat in das Zimmer.

Es war wie immer. Im Halbdunkel sah er das Doppelbett, den Schrank und all das sonstige Mobiliar. Es wirkte jetzt fremd auf ihn, er spürte einen Druck auf der Brust, und etwas schnürte ihm die Kehle. Das wich auch nicht, als er das Licht anmachte, im Gegenteil: Die Betten, die Nachtschränkchen, der Kleiderschrank bekamen noch härtere, kantigere Konturen, dass ihm allein der Anblick wehtat. Nur die ungemachten Betten, die noch immer so da lagen wie sie sie am Morgen verlassen hatten, störten mit ihren zerknitterten Falten das eckige Bild des Zimmerinterieurs und verwirrten ihn.

Es war ihr Schlafzimmer, das sie am Morgen eilig verlassen hatten, um rechtzeitig in die Kirche zu kommen. Es war ihm aus vierzig Jahren vertraut. Er hätte in tiefster Dunkelheit jede Socke in dem Zimmer gefunden, jede Kommode, jeden Schrank oder das Fenster geöffnet, ohne sich einen Zeh zu stoßen. Vierzig Jahre Vertrautheit, und jetzt auf einmal so fremd. Er schaute auf ihr Bett, und es lief ihm kalt den Rücken runter.

So fremd ohne sie. Sie hatte ihn verlassen. Ohne Ankündigung. Plötzlich, überraschend. Es hatte keine Anzeichen gegeben. So war er völlig unvorbereitet als es geschah. An diesem Sonntagmorgen. Sie waren auf dem Weg zur Kirche, die Hälfte hatten sie schon hinter sich, waren gerade mal zehn Minuten gegangen, als sie neben ihm zusammenbrach und tot neben ihm liegen blieb. Die Hausbewohner, vor deren Haustür es passierte, hatten schnell den Notarzt gerufen, doch konnte auch der nur noch den Tod feststellen.

Er war konsterniert gewesen. Selten hatte er sich in seinem Leben so hilflos gefühlt wie jetzt. Ja, damals im Krieg, aber da war es um sein Leben gegangen, um das seiner Kameraden, die er auch nur wenige Jahre – allenfalls – kannte, und nicht vierzig Jahre auf engstem Raum und dann einfach umfallen.

Und nun? Wie benebelt war er vom Krankenhaus zurück nach Hause gegangen. Die Gedanken hatten sich in seinem Kopf gedreht. Er hätte später nicht mehr sagen können, wie lange er am Küchentisch auf dem Stuhl gesessen hatte, ihm war es wie eine Ewigkeit erschienen. Irgendwann entschied er, die Kinder anzurufen, sie zu informieren, aber es schnürte ihm die Kehle zu, und trotzdem – schließlich musste es sein. Noch später rief er den Bestatter an, obwohl es ihm irgendwie widerstrebte, dieses am Sonntag zu tun. Der Bestatter war einige Zeit danach zu ihm gekommen, – was sie besprochen hatten, war ihm nicht mehr gegenwärtig, aber er hatte des Öfteren „Ja" gesagt.

Und nun stand er hier und wollte schlafen. Er wusste, so einfach würde er nicht einschlafen können, allenfalls in den Schlaf fallen im Laufe der langen Nacht. Und er wusste: Diese Zeit wollte er nicht in diesem Zimmer, nicht in seinem Bett neben ihrem leeren verbringen, nicht hier, nicht mit diesen Erinnerungen.

Er löschte das Licht und trat zurück in den Flur. Hinter sich schloss er die Tür. Dann stand er wieder lange reglos und versuchte, einen klaren Gedanken zu fassen. Schließlich ging er an das andere Ende des Flurs und öffnete die Tür zum Kinderzimmer, das schon seit Jahren unbenutzt war. Die Tochter, die es einst bewohnt hatte, war lange aus dem Haus und hatte inzwischen eine eigene Familie. Es war wie früher, nur war es leerer und wirkte kahler als zu den Zeiten, als die Tochter es noch bewohnte. Aber das Bett war frisch bezogen. Sie hatte es immer so gehalten, falls ein Kind mal überraschend kommen sollte. Er ging in das Zimmer hinein und schloss die Tür hinter sich. Er zog sich bis auf die Unterwäsche aus, dann fiel er ins Bett. Der Schlaf übermannte ihn schon nach wenigen Minuten.

Zwei Monate, nachdem er das alte Schlafzimmer verlassen hatte, und in das Kinderzimmer mit den weißen Schleiflackmöbeln und der Blümchentapete umgezogen war, beschloss er, weiterhin im ehemaligen Kinderzimmer zu bleiben. Er fuhr zum Baumarkt und kaufte Raufaser und Wandfarbe. Die folgenden Tage waren damit ausgefüllt, das Zimmer zu renovieren. Zwei Nächte schlief er zwischen Leiter, Tapeziertisch und Farbtöpfen. Dann war es sein Zimmer. Die meisten seiner Kleidungsstücke und die Wäsche hatte er schon in den ersten Wochen nach dem Tode seiner Frau aus dem Schlafzimmer geholt und hier in der Kommode und dem Schrank verstaut. Jetzt trug er die restlichen Sachen, von denen er glaubte, sie noch zu gebrauchen, hinüber und schloss die Tür des Schlafzimmers mit dem Schlüssel. Bis zu seinem Tode, neun Jahre später, sollte er es nie mehr betreten.

Renate Maria Riehemann

DORT ZWISCHEN STALL UND APFELBAUM

Dort zwischen Stall und Apfelbaum
sieht sie die Laken wehen,
sieht sie der Mutter weißen Traum
als letzten Gruß vergehen.

Behutsam streicht der leichte Wind
um Mauern und auf Wegen;
im leeren Haus umfängt das Kind,
vergang'nes Tun und Regen.

Denn sie liegt still, sagt keinen Ton,
wird ab und an gewendet.
Ein Monitor piepst pulssynchron,

dann rauscht er nur noch monoton.
Wie schnell ein Leben endet.
Zehn Tage hängt die Wäsche schon.

Verlassenes Haus –
aus den rissigen Mauern
eisige Kälte

Christine Matha

Elisabeth Hafner

DAS GEHÖFT

Im Mossiergraben
rauscht der Bach um den Holler.
Auf halbem Weg,
der geknickte Baum
mit goldsaftigen Birnen.

Am Dachboden
Hornissennest und Silberknöpfe.
Im Keller,
das Holzfass mit offenem Spund
mostet den lehmigen Boden.

Vorm Fenster
abgeschlagene Traubenstöcke.
Im Zimmer,
neben der alten Wiege
Scherben vom zerschlagenen Fenster.

Klara Jebe

HIER IM GESTERN

Holzdielen
bringen mich schweigend
zum Denken
Ich deale mit heiklen
Gedanken
während das Muster in der Tapete
violett
dem Gestern entsprungen
dem hellbraunen Schaum
Zerfall bietet
verrät mir das
leise Wimmern
am Tisch gegenüber
Leben

Natascha Maier

DER WIEDERKEHRENDE DUFT
VON ROSEN

Der wiederkehrende Duft von Rosen,
der Bewässerungsgraben,
staubige Straßen,
Zitterpappeln.
Die Hände der Großmütter,
Federn
im Gesicht.
All die gewesenen Zeiten,
so dunkel die Jahre danach.
Heimat.
Herkunft.
Ankommen.
Die Einsamkeit in meinem Herzen,
werde ich stets zum gleichen
Ozean voller Tränen tragen.

Dirk Till
Die Enttäuschten

Durch Traumketten gefesselte Herzen verlieren sich wie Wolken über den Rand ihrer Welt. Die Motten verbrennen sich die Beinchen an den Lampen. Hinter unserem Rücken flattern die Kinder in unsere Räume. Im Mittelpunkt, ein Mittelpunkt. Allein mit sich, mit sich, mit sich und so weiter. Wunden werden geschlagen. Horizonte werden gegraben, mit erröteter Haut, mit kleinen Haaren die sich strecken, mit schillernden Regenbogenblasen zwischen den Fingern, mit aufgerissenem Sprachfleisch und den zugehörigen Begriffsschmerzen. Körper fallen in ihre Hoffnung. Die Gräber liegen offen und die Namen, die mit weichen Zweigen in die Flüsse geschrieben werden, ziehen mit den Fischen umher. Unendlichkeit ist keine Medizin. Getröstet mit den Blumengedanken einer Ewigkeit ziehen wir an den Haken fremder Herzen, um etwas Nahrung zu finden.

Mona Goertz

HORIZONTLOS

ich bin ein stein im wellenschlag des meeres
das gebrüll in den träumen der fische
ein stiller seufzer im gebet des ozeans
ein tropfen salz auf fremder haut

ich bin ein verlassener ort in deinem blick
die müdigkeit des wassers spiegelnd
zerschellend in tosender leere denke ich
richtungslos in verwaschenen fragen

hier und jetzt mit wolken im haar
in der tonart flutender gezeiten
suche ich mich in versandeten sätzen
ohne rhythmus gegen den wind

Daria Hill
RÜCKWÄRTSFALLEN

diese Nacht ist überbelichtet
folge der Zündschnur zur Implosion
aller Dinge
alles was niemals war, bleibt
die Konturen füllt
das weiße Licht
dieser Stern gehört mir
flüstere ich in die Wut

vor dem Streben
der Wendekreis zurück
Wälder, Hügel
malerisch in Sepia
ich erinnere nur noch Farbverläufe
Sprache aber nicht
zufällige Reflexion im Spiegel
Erinnerung schneidet das Neonlicht
ich will sehen, was besteht

Anka Röhr
WORTE

Worte
pflastern
Wege
und Orte
dazwischen
Schmerzfugen
überzogen
von einer Patina
aus Verdrängen
und
Vergessen

Bettina Schneider
ES WAR EINMAL

In Büscheln wuchs braun gebranntes Gras aus der durchlöcherten Regenrinne, die ohne Funktion lose unter dem Dach baumelte. An der einst leuchtend weißen, jetzt in ein stumpfes Grau verwandelten Fassade hatte die Feuchtigkeit des Winters genagt, an manchen Stellen konnte Ana das Mauerwerk unter dem Putz erkennen. Ausgeblichene, schief hängende Fensterläden verschlossen den Blick auf das Innere des Hauses. Still war es. Nur der Gesang der Zikaden schwirrte in der Luft.

Ana trat einen Schritt vor, stieg die bröckeligen Stufen der Freitreppe zum Haus hinauf. Die große Terrasse ruhte im Licht der letzten Sonnenstrahlen. Mittlerweile uneben wie ein Ackerfeld lagen die Terrakottafliesen am Boden, die die Hitze des Tages gespeichert hatten und diese bis weit nach Mitternacht abgeben würden.

Ana drehte sich um, betrachtete den Garten, eher ein Park als ein Garten – früher. Auch hier bot sich ein Bild des fortschreitenden Zerfalls. Auf der einstmals gepflegten Rasenfläche wuchsen Gräser hüfthoch, von der Sonne golden gedörrt. Die Beete, eine Blütenpracht in Anas Erinnerung, waren gänzlich verschwunden. Nur ein Schatten seiner selbst war der romantische Wandelgang mit den Rosen, die Holzbalken morsch und splittrig, die wenigen verbliebenen Rosen kämpften sich mühsam durch Wildwuchs der Sonne entgegen. Immerhin brachten einige der Pflanzen noch ihre tiefroten Blüten hervor. Im Nutzgarten sah es nicht viel besser aus: Gewächse, die nicht dorthin gehörten, wucherten im Mandarinenhain, erstickten die aus der Form geratenen Bäumchen fast. Wie ein Gruß aus einer anderen Zeit schaukelte ein zerschlissener heller Lampion an einem Zweig. Im Gemüsegarten nur Relikte der Pflanzen: Paprika, Tomaten und Bohnen. Früher hatte ein Gärtner, Senhor Vasco hieß er, fiel Ana wieder ein, in den Beeten gehockt und hingebungsvoll die Pflanzen umsorgt; ein skurriler Mann, dem man ständig und überall unverhofft begegnet war. Das Gras hatte er allen Bitten und Belehrungen zum Trotz immer in der größten Mittagshitze gewässert. Trotzdem war der Garten unter seiner Pflege ein imposantes Prunkstück gewesen. Mein Gott, es war lange her. Ob Senhor Vasco noch lebte?

Ana sah auf die Uhr, ging um das Haus herum zum Portal und kramte das riesige Schlüsselbund – unzählige Schlüssel, die auf einen Metallring gezogen waren, aus ihrer Handtasche. Der Schlüssel, den sie benötigte, erinnerte mehr an ein Werkzeug als an einen Türöffner, dachte sie jedes Mal, wenn sie ihn in der Hand hielt. Fast rechnete sie damit, dass er sich im Schloss verhakelte, aber er tat es nicht. Die mächtige Tür schwang mit einem lauten Knarren auf, gab den Blick auf die mit hellen Steinquadern ausgelegte Eingangshalle frei. Im einfallenden Licht tanzten Staubpartikel wie goldenes Konfetti in der Luft. Einige Stühle – keiner glich dem anderen – standen verstreut an der weiß verputzten Wand, rechter Hand ein schwerer Schrank aus dunklem Holz, in dessen Mitte ein Spiegel, den die Zeit hatte stumpf werden lassen. Es roch nach einem Gemisch aus Mottenkugeln, irgendeinem Putzmittel und Staub, als atmete das Haus Vergangenheit. Ana ließ die Eingangstür offenstehen, um Licht und Luft hereinzulassen.

„Sieh dich vorher um!", hatte ihre Freundin gesagt. „Es ist die letzte Gelegenheit!"

Vor Jahren hatten sie hier zusammen gefeiert, in dem Haus, das die Familie nur noch für besondere Familienfeste oder als Rückzugsort im Sommer genutzt hatte. Bis vor einiger Zeit hatte sie es sich leisten können, das seit Generationen im Familienbesitz befindliche Anwesen zu unterhalten.

Ana durchquerte die Halle, lief zielstrebig in den saalähnlichen Raum, der die Bezeichnung Salon trug. Er war das Herzstück. Hier hatte das Leben pulsiert. Hier war man nie alleine gewesen, von Familie oder Freunden umgeben. Gleichzeitig war der Raum aber auch groß genug gewesen, um sich in eine der Ecken zurückziehen zu können.

Abgestandene Luft empfing Ana im Salon. Durch die Lamellen der Fensterläden fiel abendliches Licht herein und verlieh dem Raum eine eigene Atmosphäre, als legte sich ein Weichzeichner über alles. Hier schien die Zeit stehen geblieben zu sein. Weiß getünchte Wände, die sich jetzt wie eine Haut mit Sonnenbrand schälten und einige düster wirkende Gemälde daran. Zum Garten zeigten viele verdunkelte Fenster, zum Vorplatz nur zwei. Dunkle, massive Anrichten, verschiedene Sitzgruppen, bunt zusammengewürfelt, ein wuchtiger Esstisch, umrundet von zwanzig Stühlen, zählte Ana, auch diese nicht mehr alle zusammengehörig, befanden sich hier. Der Flügel prangte nach wie vor in der Nähe zur Tür. Überall standen kleine Beistelltische mit weißen Häkeldeckchen, auf denen sich Dosen, Fläschchen, Vasen, Porzellanfiguren, kleine Bilder und gerahmte Fotos befanden. Die Fotos zeigten vornehmlich Mitglieder der Familie, angefangen mit vorsintflutlich anmutenden Schwarz-Weiß-Fotos bis hin zu den jüngsten, modernen Aufnahmen, deren porträtierte Menschen Ana kannte.

Das wilde Sammelsurium war vertraut und jedes Mal aufs Neue faszinierend. In der Vergangenheit war Ana oft durch den Raum wie durch ein Museum gewandelt.

Das Grammofon stand nach wie vor in der Ecke links hinten ebenso wie das alte Radio, das aussah, als gehörte es zu den Ersten seiner Art, daneben ein Telefon, das gerade bei der jüngeren Generation, die nur schnurlose, auf bestes Design getrimmte Geräte kannte, Erstaunen hervorrief.

Der kammergroße begehbare Kamin, in dem im vorigen Jahrhundert Menschen gesessen und sich am Feuer gewärmt hatten, beeindruckte Ana auch heute. Seiner Funktion enthoben, war er jetzt ein uriges, äußerst dekoratives Mauerwerk, das den Raum an der einen Längsseite beherrschte, und dessen Seitenwände mit antiken, landwirtschaftlichen Geräten geschmückt waren – ein Stück Kultur dieser Landschaft. Ana stellte sich in die Mitte des Kamins, bemerkte zu ihrer Freude, dass sie den unterschwelligen Duft längst vergangener Holzfeuer wahrnahm, sah über sich in den azurblauen Himmel. Niemand hatte den Schornstein verschlossen. Wozu auch? In der heißen, trockenen Jahreszeit war jeglicher Luftzug willkommen. Für den Regen im Winter hatte man eine Wanne parat, die man auf den Platz stellte, wo Ana stand. Jetzt erst fielen ihr die überall im Raum verteilten bunten Plastikeimer auf, Zeugnisse, dass das Dach undicht geworden war.

Es war eine Schande, die Grande Dame, wie Ana das Haus insgeheim getauft hatte, so herunterkommen zu lassen. Aber was tun, wenn das Geld an jeder Ecke fehlte?

Unversehens erschien die Luft ihr drückend und stickig. Mit einiger Anstrengung öffnete Ana eines der Fenster, ließ von den verschlossenen Fensterläden aber lieber die Finger. Heiße Frische drang herein, nahm der Luft dennoch die Schwere.

Einen Moment noch wollte sie verweilen, dieses eine letzte Mal.

Sie steuerte auf das mit rotem Samtstoff bezogene Sofa zu, das an der Längsseite des Raumes, vis-à-vis zum Kamin stand. Von hier, rief Ana sich ins Gedächtnis, hatte man die beste Übersicht im Salon. Aus diesem Grund war es früher immer den ältesten Familienmitgliedern vorbehalten gewesen. Vorsichtig setzte sie sich auf den fadenscheinigen Stoff, ungeachtet des Staubes, der sich darin eingenistet hatte und der jetzt aufwirbelte, als hätte sie sich in einen Mehlsack plumpsen lassen.

Das war es also – zweihundert Jahre Familiengeschichte. Ein Haus, das viele Höhen und Tiefen des Lebens, der Zeitgeschichte, vieler Familien erlebt hatte. So viel Glück, vermutlich auch Einiges an Leid, hatte sich in diesem Raum abgespielt: Hochzeiten, Geburtstage, Kommunionen, Namenstage, Jubiläen, Sommerfeste, Trauerfeiern; wie es auf den Fotos festgehalten war. Gespräche, Tänze, opulente Mahlzeiten – richtiggehende Bankette – hatte der Salon erlebt.

Urplötzlich kam Ana der schüchterne Luís – ein Verehrer aus der Familie – in den Sinn, der gar nicht so schüchtern gewesen war. Hier hatte sie mit ihm getanzt, sich unzählige Stunden unterhalten, in einer Ecke des Gartens hatten sie sich geküsst. Eine schöne, unbelastete, sich leicht anfühlende Zeit war es gewesen,

eine Zeit wie aus einem anderen Leben.

Ana bemerkte ein Buch zwischen den Kissen im Rücken und zog es heraus. Wie von selbst schlug sich eine Seite auf – 1. Oktober 1984: „Mein 73. Geburtstag. Feier im Garten. Allmählich neigt sich der lange, heiße Sommer einem Ende. Aus der Herde sind über dreißig Schafe verdurstet. Wenn jetzt nicht bald Regen kommt, weiß ich nicht weiter." Obwohl die Familie Land und Häuser besaß, war Geld immer knapp gewesen. Ana blätterte weiter und fand auf den nächsten Seiten Einträge zu einer Hochzeit, danach einen kurzen Vermerk zu einer Kommunion.

Ana steckte das in Leder eingeschlagene Gästebuch ein. Sie würde es später ihrer Freundin geben. Langsam erhob sie sich, spazierte zum Flügel, strich gedankenverloren über das Holz und hinterließ eine Spur in der Staubschicht. Wunderbare Melodien hatte sie hier gehört. Ana nahm auf dem Hocker vor dem Instrument Platz, schlug den Deckel auf und setzte den Zeigefinger auf die Klaviatur. Sie entlockte dem Flügel eine Anzahl von Missklängen – leider hatte sie nie richtig Klavierspielen gelernt – klappte den Deckel zu und gab es auf.

Feste Schritte auf dem Steinfußboden hinter ihr ließen Ana aufhorchen. Kam er jetzt schon?

„Boa tarde", sagte er zur Begrüßung und schob ein „Bin ich zu früh?" hinterher. Ein Mann im Anzug mit schwarzen, nach hinten gegelten Haaren, in denen eine Sonnenbrille steckte, stand im Türrahmen.

„Nein", Ana erhob sich, straffte sich unwillkürlich.

Jetzt kam er, der Moment, den ihre Freundin nicht hatte erleben wollen, der Moment, der dem Haus den Todesstoß versetzen würde.

„Die Umzugskisten, in die alles kommt, was sich in diesem Raum befindet, stehen in der Küche", informierte Ana den Mann und überreichte ihm den Schlüsselbund.

Eine simple Geste, die den Untergang des Hauses besiegelte, ein Stück Geschichte, eine Ära – vorbei.

Christine Matha
DAS ELTERNHAUS

Auf den steilen,
knarrenden Stufen
taste ich mich
an die Spuren der Kindheit
beklommen heran
und vergrabe
das Bild dieses Tages
voller Scham im
Beben des Herzens.

Wie eng sind
sie mir geworden,
die einmal so
mächtigen Mauern,
wie klein die Räume,
die mich feindlich
und verlassen bestarren.

Die dicken Mauern,
den Jahrhunderten
trotzend, erdbebensicher...
Sie zeigen die Spuren
moderner Sanierung
vom Haus nebenan.

Tiefe Risse durchfurchen
die gotische Wölbung
und ich sehe wie
im Spiegelbild die
Wunden der Zeit
im alten Gesicht.

Aus den modrigen Räumen,
wo verstaubte Möbel
sich im Wege stehen,
weht mir nur
ein kalter Luftzug entgegen,
wie aus den Gruften
längst schon vergangener Zeit.

An den Wänden hängen
sie einsam, wie hilflos,
die Bilder der Menschen,
die längst schon begraben –
und ich bin
als letzte Zeugin geladen,
den Staub des Zerfalls
nochmals zu schauen...

Ich bin geladen
um Dinge zu sammeln,
die mir vergangenes Leben
erzählen und
zwischen Schauen, Erwägen
und Wählen,
bleibt mir die Frage
wo sind sie, die stolzen
Besitzerseelen?

Vorbei und vergangen
das Sein und das Haben,
geblieben sind die Bilder
von Lebensbahnen,
nur mattgraue Fotos
lassen mich ahnen,
dass die einstigen Träume
sich dem Alltag ergaben...

Hausboden
meine Kindheit
mit Staub bedeckt

Hildegard Dohrendorf

Antonia Neubauer

DAS VERWITTERTE HAUS

Verlassen von Formen und Farbe,
strukturlos und ohne Stil,
liegt in der Landschaft die Narbe
des Postmenschlichen in zivil.

Verwildert, bewuchert von Gräsern,
primäre Vegetation,
die Fenster schon lang nicht mehr gläsern,
ein Kunstwerk der Erosion.

Das frühere Wohnhaus im Schatten
der Birken und Eschenallee,
ein Lattenzaun ohne Latten,
als Grenze zur Wildnis in spe.

Die Haustür ist nicht mehr vorhanden,
keiner weiß, ob sie das jemals war,
vergessen von allen Verwandten
in England und Kanada.

Im Innern ein Haufen aus Scherben,
aus Glas, Holz und Porzellan,
durch temporales Entfärben
verblasst das Erinnern daran.

Die Spuren von Egoismus,
verdeckt durch die Schichten aus Staub,
zerstört durch Vandalismus,
beseitigt durch Erben und Raub.

Verlassen und doch mit Ästhetik,
leblos und schön zugleich,
verwittert das alte Haus stetig,
annektiert an natürliches Reich.

Ingrid Ostermann

MAUERRESTE

Altes Haus
Wie viele Schicksale
Hast Du gesehen
Bevor Deine letzten Bewohner
Die Echsen wurden

Die Steine Deiner Mauern
Sind unbehauen
Irgendwann
Wurden sie weiß verputzt
Und dann doch dem Verfall überlassen

Wurdest Du
Mit Deinen fünf Zimmern
Einst der Stolz der Erbauer
Den Erben zu klein
Leben sie jetzt vielleicht
In der weißen Villa
Dort auf dem nächsten Hügel

Wurde das Land zu karg
Konnte das kleine
Dem Hang abgetrotzte Feld
Auf dem jetzt noch
Zwischen vertrocknetem Gras
Ein paar Ähren stehen
Die Familie nicht mehr ernähren

Hat ein Brand Dich zerstört
Mit dem Olivenhain
Von dem nur noch

Wo der Hang am steilsten ist
Zwei schwarze Skelette stehen
Arbeitet Dein letzter Sohn in Deutschland
Die Tochter im Touristengeschäft

Du schweigst
Doch manchmal
Nachts unter sternklarem Himmel
Wenn in den toten Bäumen
Das Käuzchen ruft

Steht zwischen den dunklen Mauerresten
Auf Deiner Lavendel überwucherten Schwelle
Eine alte Frau

Und der steinige Hang zu ihren Füßen
Grünt und duftet wie einst

Elke Wandersee

BALLNACHT

Ein einsamer Igel
bricht durch eine Hecke
durch ein Loch in der Mauer
in eine vergessene Welt

Kleine Krallen tippeln
über marmorne Mosaike
ein blinder Kristallleuchter
schwebt über seinem Kopf

Wo einst Hände sich trafen
und Paare sich fanden
tanzen nun Blätter
einen einsamen Tanz

Wind zieht durch leere Fenster
trägt mit sich Erinnerungen
an verstohlene Blicke
und erwartungsvolles Kichern

Auf staubigen Tischen
vergessen seit Jahrzehnten
warten kostbare Gläser
auf den Höhepunkt des Festes

Am Ende des Saales
erheben sich Stufen
über die Könige schritten
im Glanze der Blicke

Doch der Igel läuft weiter
er sieht nicht die Pracht
auf der Suche nach Futter
hinein in die Nacht

Antonia Neubauer

VERLASSEN

Das schiefe Schild
„Betreten verboten"
als einsames Zeichen
der Bürokratie.

Dahinter Gestrüpp
und Sträucher und Zweige,
wie bei Dornröschen
nur ohne Magie.

Verborgen im Schatten
der zu hohen Hecken
versteckt sich das Haus
aus Ziegeln und Stein.

Die hohlen Fenster,
das Loch für die Türe,
die Scherben am Boden
laden dich ein.

Ein schlechtes Gemisch
aus bedrohlicher Stille,
Geräuschen des Bruchs
und der Lebensgefahr;

Vereint mit dem Staub
als Zeichen der Zeit,
eine trockene Botschaft,
hier war niemand da.

1903 – DIE KARAFFE

„Nun mach schon, du Angsthase!" Etwas unsanft wurde Julius von zwei schmutzigen Händen nach vorn geschubst. Die anderen beiden hinter ihm kicherten. Er stolperte ein wenig und hatte Mühe, sich wieder zu fangen. Als zugereister Neuling war es für ihn nicht leicht, von den Mitschülern akzeptiert zu werden, insbesondere von der kleinen verschworenen Bande, deren Mitglied er nach dem Bestehen dieser Mutprobe werden wollte. Elsa, Karl und Heinrich, drei ruppige Flegel vom Stadtrand, die sich schon seit frühester Kinderzeit kannten, hielten zusammen wie Pech und Schwefel. Er wollte dazugehören, doch das würde für ihn auf keinen Fall einfach werden.

Julius hob den Blick und starrte zum anderen Ende des etwas heruntergekommenen Grundstücks. Dort stand er, abweisend und beängstigend – der Geisterturm. Viele Geschichten hatten sie ihm schon erzählt, eine phantastischer und unheimlicher als die andere. Früher, im Mittelalter hatte der Geisterturm auch „Diebsturm" geheißen. Hier hatte man Diebe und andere Schandtäter eingekerkert. Nicht wenige seien unter den grausigsten Umständen darin umgekommen, und man könne, wenn man nur aufmerksam genug sei, das Stöhnen und die Schreie der Verdammten noch immer hören, versicherten sie ihm. Auch hatten sie ihm geschildert, dass der Großvater des jetzigen Besitzers zu nächtlicher Stunde den Turm zu geheimnisvollen Zwecken benutzt habe, vor allem, um dort die ruhelosen Geister der darin Gestorbenen zu beschwören.

Julius' Aufgabe bestand nun darin, zum Turm zu gelangen, dreimal gegen die verwitterte, jedoch wohlverschlossene Holztür zu klopfen, danach dort stehend mit geschlossenen Augen bis dreiunddreißig zu zählen, um dann zur Bande zurückzukehren, während er dabei das

Vaterunser rückwärts aufsagen sollte. Julius atmete noch einmal tief durch und machte sich mit klopfendem Herzen daran, das verwilderte Stück Garten mit den viel zu langen, scharfen Grashalmen und dem wirren Brombeergestrüpp zu durchqueren. Die Blicke der drei Bandenmitglieder brannten wie Feuer in seinem Nacken, denn er wusste, dass sie jede seiner Bewegungen aufs Genaueste beobachteten. Doch was er nicht sehen konnte, war ihr unverhohlen hämisches Grinsen, als er sich so behutsam wie möglich vorwärts bewegte.

Kaum hatte er jedoch die Hälfte des Weges zurückgelegt, packte etwas seinen Fuß und hielt ihn fest. Julius schrie kurz auf. Voller Panik versuchte er, ihn wild strampelnd wieder freizubekommen, doch es wollte ihm nicht gelingen. Entsetzt blickte er um sich, als ein schaurig knirschendes Geräusch folgte. Dann sauste er plötzlich in die Tiefe. Die drei Beobachter rissen ungläubig die Augen auf, als Julius mit einem Mal vom Erdboden verschluckt wurde. Kurz darauf hörten sie dumpf ein krachendes Geräusch, als ob etwas zerbrochen wäre, und ein Platschen, gefolgt von einem weiteren Aufschrei, der eindeutig von dem soeben Verschwundenen stammte. Benommen schaute sich Julius um und versuchte nachzuvollziehen, was gerade mit ihm geschehen war. Vorsichtig bewegte er nacheinander Beine und Füße, Arme, Hände und Finger. Keines seiner Körperteile schien gebrochen zu sein, doch der Schreck saß ihm gehörig in den Gliedern. Langsam hob er den Kopf und sah nach oben. Etwa knapp drei Meter über ihm konnte er den Himmel erkennen, der sich bereits im beginnenden Sonnenuntergang zu verfärben begann. Rötliches Licht sickerte zu ihm hinab und erhellte nur spärlich die Umgebung, in der er gefangen war. Er steckte am Grunde eines schmalen Schachts fest, dessen gemauerte Wände zum größten Teil mit grünlich-schleimigem Moos und Algen überzogen waren. Auf dem Boden stand kniehoch schlammig-modriges Wasser.

Plötzlich wurde es dunkel um ihn herum. Verwirrt blickte er wieder hinauf und sah im Gegenlicht schemenhaft die Köpfe der anderen Kinder, welche angestrengt zu ihm herunterlugten. „Lebst du noch, du blöder Tollpatsch?", rief ihm Elsa lachend zu. „Ja, aber helft mir, hier wieder herauszukommen!", jammerte Julius mit kläglicher Stimme. „Hört nur, wie er wimmert, der Kleine!", feixte Heinrich und meinte zu Karl: „Versaut, er hat's versaut! Ich glaube, wir sollten ihm eine andere Aufgabe für seine Mutprobe geben." „Wieso, was meinst du damit?", fragte Karl neugierig. „Wie wäre es denn, wenn wir ihn einfach eine Nacht lang da unten drin stecken lassen? Das wäre doch mal eine wirkliche Mutprobe! Was haltet ihr davon?" „Nein! Das könnt ihr doch nicht machen!", ertönte Julius' Stimme entsetzt von unten herauf. „Na sicher können wir das, du Blödmann – und wir können sogar noch viel mehr! Pass mal auf!", rief Heinrich ihm gehässig entgegen. Dann stellte er sich an den Rand des ehemaligen Brunnens, knöpfte seine Hose auf und ließ es goldgelb und heiß in großen Kreisen auf Julius herabregnen. Karl lachte sofort lauthals los und tat es Heinrich unverzüglich nach. Selbstverständlich hatten sie niemals wirklich im Sinn gehabt, den Trottel in ihre Gemeinschaft aufzunehmen, sie hatten lediglich ein gutmütiges und williges Opfer gesucht. Der Gedemütigte schrie verstört auf. Mit spitzbübischem Grinsen schaute Elsa den beiden Jungen interessiert bei ihrem schamlosen Treiben zu. Da gab es nichts, was sie nicht schon einmal zuvor gesehen hatte. Am liebsten hätte sie ebenfalls ihren Beitrag dazu geleistet, aber irgendwie erschien es ihr doch zu unheimlich, den nackten Hintern über ein solch tiefes Loch im Boden zu halten. Stattdessen begann sie, um den Brunnen herumzutanzen und dabei hämisch zu singen:

„Bum! Bum! herauf der Eimer flog,
Dumpf tönt' es in dem Grunde,
Kein kühles Wasser in ihm war,
Ein Zwerglein darin stunde."

Die beiden Buben waren inzwischen auch mit ihrem Geschäft zu Ende gekommen und stimmten nun mit ein, während sie dabei einen grotesken Veitstanz aufführten:

„Bum! Bum! herauf der Eimer flog,
Dumpf tönt' es in dem Grunde,
Kein kühles Wasser in ihm war,
Der Julius darin stunde.
Der Julius darin stunde.
Der Julius darin stunde."

Doch der kauerte durchnässt und leise vor sich hin schluchzend auf dem Grund des Brunnens, wo er sich, mit beiden Armen selbst umklammernd, stöhnend hin und her wiegte.

Mittlerweile war die Sonne beinahe untergegangen. Die Peiniger meinten es wirklich ernst. Diabolisch grinsend hielten sie die Finger vor die Lippen und nickten einander wissend zu. Leise, ohne einen weiteren Laut oder ein Geräusch zu verursachen, schlich sich die Dreierbande vom Ort ihrer Schändlichkeiten davon. Sie alle wollten gerade noch rechtzeitig im Hellen wieder zu Hause sein, denn keiner von ihnen hatte vor, eine Tracht Prügel fürs Zuspätkommen zu riskieren. Julius hatte sich inzwischen wieder ein wenig beruhigt und rief zaghaft nach oben, doch es gab dort niemanden mehr, der ihm hätte antworten können. Mit einem Mal bemerkte er, wie sein Magen zu knurren begann, schließlich hatte er seit heute Morgen nichts mehr gegessen und getrunken. Nun fühlte sich seine Kehle so dermaßen ausgetrocknet an wie die Wüste Sahara nach einem Sandsturm. Die Zeit verging. In seinem Verlies war es mittlerweile stockfinster. Leise, seltsame Geräusche drangen an sein Ohr. Unsägliche Angst ließ ihn erzittern. Was mochte hier in der Dunkelheit alles auf ihn lauern? Was sollte er tun, wenn die Toten und die Geister vom Turm ihn hier fänden? Verzweifelt weinend planschte er im schlammigen Wasser herum. Mutlos vor sich hin schluchzend fiel er in sich zusammen. Der Durst war mittlerweile unerträglich geworden. Nein, das hier würde er nicht trinken können, dass würde ihn krank machen. Doch was sollte das jetzt noch ausmachen, wenn er ohnehin hier unten sterben würde? Er musste etwas tun!

Um sich von dem ihm drohenden und unausweichlich erscheinenden Schicksal abzulenken, begann Julius die zerbrochenen Teile der morsch gewordenen hölzernen Abdeckung und die Reste des mittlerweile verrosteten Gitters, welche mit ihm herabgefallen waren, beiseite zu räumen. Seine Hände tasteten tiefer in den moderigen Grund und stießen auf etwas Anderes, Festes. Er fand einen Henkel und zog daran, doch nichts bewegte sich. Beherzt fasste er auch mit der anderen Hand zu und zerrte mit aller Kraft, welche er aufbieten konnte. Gerade als er kurz davor war, wieder nachzulassen, gab der Griff nach, und Julius stürzte nach hinten. Im grünlichen Schimmer, der daraufhin sein Gefängnis beleuchtete, erkannte er, dass dieses seltsame Leuchten einer verrotteten Kiste entsprang, und mit nur wenig Mühe gelang es ihm, die darin verborgene grüngefüllte Karaffe, herauszuziehen. Sie war unversehrt und mit einer Wachsversiegelung, welche den Korken geschützt hatte, verschlossen. Wie besessen wischte er mit seinen schmutzigen Händen über das leuchtende Gefäß und starrte es fasziniert an. Das grüne Leuchten darin schien sich zu verstärken und ihn zu locken. Es mutete ihm zunächst zwar etwas seltsam an, doch in seinem mittlerweile bereits deutlich benebelten Hirn war er sich absolut sicher: Wenn etwas so gut verpackt worden war, dann musste es sich wohl um einen ganz besonders edlen Tropfen handeln.

Mit unendlich viel Mühe und Geduld schaffte es Julius, die Versiegelung zu entfernen und den Korken herauszuziehen. Durstig wie er war, setzte er, ohne noch einen weiteren Gedanken daran zu verschwenden, die Flasche an seine schlammverkrusteten Lippen und trank sie in einem einzigen, langen Zug bis zur Neige leer. Seltsamen Truggebilden folgend, fiel er kurz darauf in einen tiefen und traumvollen Schlaf. Wie lange dieser gedauert hatte, wusste er bei seinem Erwachen nicht, doch er fühlte sich seltsam erfrischt und ausgeruht. Seine neuerworbenen Instinkte ließen ihn mühelos und voller Tatendrang die steile Wand des Brunnens hinaufklettern. Er hatte bereits die Witterung aufgenommen.

Ute Schneider

DIE SCHULE IST ZU
oder Wolfserwartungsland

Blick zurück zum leeren Hof
durch das geschlossene Tor –
Stimmengewirr wich bedrückender Ruh,
Lachen noch im Ohr.

Hinter blinden Fensterscheiben
sehe ich kein Gesicht.
Das große Haus, verstummt und leer,
nirgends brennt noch Licht.

Die Tafel wird nie mehr bekritzelt.
Kein Kopf liegt müde auf der Bank.
Über Lehrer wird nicht mehr gewitzelt.
Die Flure gähnen blitzeblank.

Der alte Vorhang vor dem Fenster
hängt schlaff und arg zerschlissen.
Die Wörterbücher, noch im Schrank,
von ihnen will man nichts mehr wissen.

Kreide im Kasten, unschuldig weiß,
liegt neben dem Lappen voll Staub.
Heizkörper werden am Morgen nicht heiß,
von vertrockneten Blumen fällt Laub.

Ich war so eins mit diesem Haus,
das war auch meine Schule.
Der Schmerz in meiner Magenkuhle
tränt resigniert heraus.

Ich steh vor dem geschlossenen Tor
und blick zum Hof zurück:
Sehe Schüler toben, hab ihr Rufen im Ohr,
empfinde großes Glück.

Das Haus, es schläft dornröschengleich,
vielleicht nur ein paar Jahr.
Dann wird es wieder aufgemacht,
das wäre wunderbar!

So träum ich mir die Zukunft schön,
grad wie im Märchenland.
Doch Wunder werden nicht geschehen –
sie brauchen Herz und Hand!

Die Schule schließt, es stirbt das Dorf.
Die Kirchenglocken schweigen.
Stille, kein Kinderlachen,
begleitet den schaurigen Reigen.

So lässt sich keine Zukunft gestalten,
die zieht mit der Jugend weit fort.
Das Plänemachen überlässt man den Alten,
schon sah man Wölfe vor Ort.

*Unsere Schule im Dorf wurde 2004 geschlossen. Das Gedicht
habe ich zur Schulschließung geschrieben und vorgetragen. Unsere Kinder müssen täglich weite Busfahrten zu Schulen im Umland
in Kauf nehmen. Die Vereine haben keinen Nachwuchs, das Dorfsterben hat begonnen und Wölfe haben sich tatsächlich hier angesiedelt...

verwaister Spielplatz
an der Schaukel versucht sich
das himmlische Kind

Wolfgang Rödig

Nadja Felscher

NETZENTFERNTE DÖRFER
Brandenburgische Elegien (IV)

Entgangene Anrufer,
die pendlerpauschal
an die Peripherie des Saumes
gedrückt erscheinen,
existieren und leben gar.

Raubzuggezeiten sind vorüber,
die Quitzows begraben,
doch die Weilen aller Zeiten sind knapp.

Speckentfernt,
unter den Schwingen eines roten Adlers,
lebt das Glück der Stille,
auch wenn die verdorrte Eiche
das Jahr in den Händen hält.

Beate Treutner
OTTO?

Geduckt, als hätten die Jahre es geschafft,
das Häuschen in die Knie zu zwängen,
steht es am Rand der Siedlung,
am Ende eines gepflasterten Weges,
auf dem Flechten die Herrschaft übernommen haben.
Behütet vom Efeu überwucherten Dach,
als trage es eine grüne Mütze.
Die Ranken strecken ihre langen Finger aus
und suchen Halt im alten Mauerwerk.

Beschmierte Wände, von Feuchte durchzogen,
schreien seine Geschichte.
Grell, gewaltig
und bleiben dennoch ungehört.
Moospolster zwängen sich in die Wunden der Wände.
Der Wind drängt sich durch Ritzen, findet viele Wege,
um dann sanft durch die Räume zu wehen,
als wolle er den fremden Besucher streicheln,
ihm das beklommene Gefühl nehmen,
das ihn hier beschleicht.
Doch er löst nur Gänsehaut aus
und die ungebetenen Gäste
vergraben ihre Köpfe tief in ihre Krägen.

Festgeklebter Staub überzieht zerbrochene Stühle,
leere Flaschen
und einen zu Tode geliebten Teddybär.
Verblichenes Zeitungspapier bedeckt den Boden.

Rußspuren an einer eisernen,
mit Alufolie überzogenen Wanne.
Gekokelte Klümpchen – Zeugen eines kargen Mahls.
Mäusekot.
Muffige Schwaden hängen in den hinteren Räumen.
Zerbrochene Fensterscheiben lassen nur getrübt
das gelblich gefärbte Grau des Tages ins Innere.
Unrhythmische Klopfgeräusche wummern
aus dem oberen Stockwerk.

Im Dorf erzählt man sich,
nachts höre man den alten Otto klopfen,
um Hilfe schreien,
obwohl er längst begraben ist.
Ein Rabe flattert durch die Räume,
und die aufgewirbelte Luft seiner Flügelschläge
versetzt verstaubte
unbewohnte Spinnennetze in Schwingung.
Der schwarze Vogel ruft,
als rechne er mit Antwort.

Suse Schröder
Tote Orte erzählen

I.

„Tote Orte, was denkst Du?", fragt sie mich und hinter meiner Stirn rattert es.

,Tatort – Torte – Tatworte – tote Worte – tote Orte', langsam mahle ich das Wortpaar: t-o-t-e O-r-t-e.

Landflucht – Städtesterben, DDR, Frankfurt/Oder, Zehmen – Schrumpfung, Wegzug, Tourismusmangel, Ausverkauf. Die Schätze der Gegend zu je einem Euro verschachert, die Halbe Treppe steht schon lang nicht mehr…

Mir fallen Bilder in den Kopf, die versuchen haften zu bleiben. Friedhof schreibt meine Hand auf einen Notizzettel, der mir aus der Hosentasche fiel.

Ich kichere, ob der offensichtlichen Symbolik, die ich nie in Echt sehe. Die Kühlungsspaziergänge in flirrender Hitze brachten Kontakt mit Gießkannenträgerinnen und Trauergästen mit sich.

Aber dann fällt die Tötung eines Ortes ein: Die Abschaffung eines Grabes und damit dessen stilles Gedenken. Anita Berber tanzt mir in den Iriden.

Ihre Grabesgeschichte löst mir eine Träne aus dem Augenwinkel. Mein Herz raste, als ich ihren Bestattungsort im Internet fand. Nur wenige Hundert Meter von meiner Haustür entfernt:

„Am 14. November 1928 wurde Anita Berber auf dem St.Thomas-Friedhof in einer Erdbestattung beigesetzt. Ob es jemals einen Grabstein für sie gab, ist nach wie vor unklar. In einem alten Friedhofsführer fand sich der Eintrag „Anita Berber, eingeritzt auf einer Bank." Auch von dieser Bank gibt es keine Spuren mehr. Denn 2007 wurde der Friedhof, auf dem 1978 die letzte Beerdigung stattfand, geschlossen und geräumt. 55 Jahre vor der Schließung wurde hier noch Anita Berbers Mutter bestattet."

Aber die Totenruhe ist bereits aufgehoben, das Grab ausgehoben. Anita Berbers Gebeine vermischt mit anderen, die dort lagen – Die Potenzierung ihres Todes durch die Verlegung des Gedenkens in die Ortlosigkeit.

„Hast du die Berber eigentlich noch tanzen sehen?", frage ich, aber sie schweigt.

2.

Es rattert weiter in meiner Kopfhöhle, rattert wie Containerzüge am Rangierbahnhof. Stillgelegte Gleise ergeben sich im Sinn, wie wir unsere Fahrräder über die vergessenen Teilabschnitte geschleppt hatten, auf dem Weg zur Laube. Das Gleisbett entleert von Stein, gefüllt mit Wildwuchs. Eine Strecke verschwindet aus dem Gesamtplan, wird anderweitig umfahren. Ob es gefällt, wird statistisch nicht erhoben.

Eine abgeschaffte Buslinie hinterlässt weniger Spuren – einen Mülleimer im Irgendwo, einen Unterstand für Zweiradtourist*innen, manch trauriges Gesicht, das örtlich verhaftet, der Option der Städteflucht beraubt, gebeugt am vergessenen Haltestellenschild wartet und ins Flachland stiert, ob nicht doch etwas passiert.

In wohlgemeinteren Gegenden hingegen ein Haltewunschknopf. Rechtzeitig gedrückt erfolgt die Abholung zur Planzeit. Nicht gedrückt, verwaist das Bushäuschchen, kommt kein nicht-motorisierter Besuch in die Gegend, um Geburtstag zu feiern, den Weihnachtsbaum zu bestaunen oder zum Schwof das Tanzbein zu schwingen.

Eine Frau im gelben Sommerkleid stellt sich auf die Zehenspitzen und drückt den Halteknopf. Sie lacht, ihre spitzen Zähne blitzen in der flachen Sonne, im Hintergrund Feld. Kurz vor Ablauf der Zeit drückt sie, zur Sicherheit zwei Mal fest und versteckt sich im Gebüsch, das ihr rote Striemen in die Beine schneidet. Sie beißt sich auf die Zungenspitze und wartet. Die Busfahrerin von neulich fährt in die Haltestellenbucht ein, reckt ihren Hals sehr lang, hämmert auf das Lenkrad ein. Sie bremst quietschend, steigt aus und sucht nach der Mitfahrt, ruft nach einem Fahrgast. Das grimassierende Gesicht verstetigt sich wie das Kichern der Frau, die hinter vorgehaltener Hand rot anläuft. Wieder ist die Busfahrerin hereingefallen, wieder hat die Frau gewonnen, hat dem Ort den leeren Bus in Erinnerung gefahren. Urgroßmutter steht am Fenster, hält die Gardine offen und winkt, denkt an die Zeit als sie die Strecke hin zur Gastwirtschaft fuhr, Samstagabend, da war immer Schwof bei Knechts.

3.

Und sonntags Fußball, alte Herren, im Dorfstadion. Dort, wo es heute keine Nachwuchsmannschaften mehr gibt und die bierbauchigen Graumelierten sich zur alten Zeit zum Frühschoppen treffen oder zum Beerdigungsschmaus.

„Bon jour, Tristesse", sagt sie flapsig, aber der Verlust legt sich mir schwer auf die Brust, wie ein Amboss, drückt es mir nach innen die Luft weg. FC Stern gegen SC Vorwärts trafen vor den Kabinen aufeinander, zeigten ihre Oberarmmuskeln, manchmal einen Hintern, spielten als ginge es um die Weltmeisterschaft, flogen schon mal eine Schwalbe, um den Punktestand zu halten, aber danach wurde gepichelt, ausgewertet und bevor nicht alle einmal gedrückt wurden, verließ keiner den Platz. „So war das gewesen", hatte Opa gesagt und der musste es ja wissen, war bis zu seiner Knie-OP Torwart und dann der beste Mann auf der Ersatzbank, der letzte am Tresen gewesen. Bei Schneeregen, Hagel, Hitze und böigem Wind verlustierten sie sich, wo heute der Verlust am durchlöcherten Zaun, an der eingeworfenen Schaukastenscheibe, am vertrockneten Rasen eingeschrieben ist. Müde reiben sich Zaungäste die

Augen, denken an das wilde Treiben, die alten Transparente und Fahnen. Siggi, Olaf, Micha und wie sie alle heißen, sind Zeugen: „Damals, weißte noch?"

„Das Spiel gegen... Weißte noch?"

„Sag schon!"

„Nein?"

„Schade!"

4.

Und dann erzählst plötzlich du von einem Ort: „Ich wurde geboren in einem Krankenhaus, was es heute nicht mehr gibt, in einer Stadt, die in Atlanten bis zu den 1980ern existiert. Schau doch mal nach", sagst du mit gefüllten Tränensäcken. Aber ich weiß ja, geweint wird nur, wenn ich nicht da bin, lange schon weiß ich das.

„Ja, aber..." fange ich einen Gedanken an, „das geht doch Vielen so: all die Städte-Länder-Gemeinden, die es einmal gab, in denen das Leben tobte, die unter Umbenennungen und Baggerseen verschwunden sind...", sage ich in den Zwischenraum zwischen deinem traurigen Dir und meinem überlegenden Mir. Dein Verlust bleibt persönlich, wird im Teilen nicht weniger, nicht weniger schlimmer. Das lese ich in deinem Blick und schäme mich angestrengter.

5.

Wir versuchen es noch einmal miteinander: „Tote Orte, was sind deine?", fragst Du und betrachtest mich stumm. Ich schaue mir hinter die Stirn, zähle meinen Herzschlag, der weint. „Äh", mache ich um die Luft zwischen uns zu füllen. „Ich überlege noch", sage ich und blicke dich starr an, dass du erschrickst. In deinem flackernden Blick kommt mir ein Fetzen Erinnerung an meinen gestorbenen Ort. ‚Damals', denke ich und ziehe den Fetzen wortweise hervor: „Damals wohnte ich in einem Würfelblock, fünf Stockwerke hoch, vier Parteien pro Flur. Der Erstbezug – alles Familien. Wir teilten uns einen Hinterhof, selbst die Zwischenräume waren voller Kinder, voller Leben und Lärmen. Als Jugendliche schlichen wir die Feuerwehrtreppe hinauf, aufs Flachdach. Auf unseren platten Bäuchen schoben wir uns zur Dachkante und riefen zu den Ameisenmenschen einem anderen Alter angemessene Wortfetzen zu. Wir freuten uns über die suchenden Blicke, die staunenden Gesichter." Ich schluckte vielsagend, um die Dramatik, des nun Folgenden zu erhöhen: „Aber als die Jugendlichen flügge wurden und die Block-Behausungen verließen und keine Zeichen für eine Rückkehr sendeten, begann der Rückbau. Alte zogen in altersgerechtes Wohnen oder in Eigenheimen, Junge wählten städtisch, aber gern mit Garten oder gleich eine Laube. Kein Bedarf, hieß es."

Sie trommelt mit den Fingern auf ihre Oberschenkel. Ich gebe ihr Gelegenheit für eine Unterbrechung.

„Von wegen! Heute wartest Du wieder, bis Du eine Wohnung im Neubau bekommst. Die Wartelisten sind lang."

„Genau und dann sagen sie: Aber schauen Sie doch, die Steigerung der Wohnqualität, der freie Blick ..."

„Ja, aber was sie vergessen ist, dass der Lärm sich in die Breite gießt, statt im Karree zu verhallen."

„Ich habe Glück im Unglück. Drei Etagen meines, heute deines Blocks stehen noch. Dem Leerstand folgten die Alten mit gerechter Gestaltung und Wäldchen vor der Tür. Die Gegend veraltete schnell. Die heimelige Möglichkeit blieb wenigen vorbehalten. Unfreiwillige zogen ins Heim, trotz aller Bemühungen des Personals überleben die wenigen dort lang."

„Ja, Heim als abtötender Ort", sagt sie und ihre dünnen, mit braunen Flecken übersäten Hände zittern stärker als sonst. Ich halte sie unter meinen, beruhige sie und lenke um.

6.

„Wieder wurde ein Club geschlossen. Die Liste wird von Jahr zu Jahr länger", sage ich und reiche ihr einen Zeitungsartikel über die geblümte Tischdecke hinweg.

„Weißt Du noch?"

„All die wilden Abende, meinst du?"

„Die ersten zaghaften Küsse?"

„Die ersten wehmütigen Schrittfolgen, die sich ins Parkett tanzten?"

Ich schüttle den Kopf, erst leicht, dann heftig. Zwischen unseren Erinnerungen liegen zwei Generationen.

Ich will mich nicht an die alten Geschichten erinnern (müssen)!

7.

Ich sehe ihr hinter die Augenblicke, sehe in ihrem Zwinkern das Verschwundene, Weggebaggerte, sehe, dass sie denkt und gedenkt. „Für heute ist es genug", sagt sie und ich schreie von innen heraus, dort wo das Herz sitzt: „Für heute, vielleicht für immer, vielleicht bis zum Jahresende ist es genug."

8.

Als ich ihren geschrumpften Körper an mich drücke, fühlt es sich an als umarmte ich einen Vogel. Ich wünschte, sie könnte fliegen, aber ich lasse sie zurück in dieser rückgebauten Einrichtung, überlasse sie dem Tod an diesem Ort, der bessere Zeiten gesehen hat, keine mehr erleben wird.

Auf meinem Heimweg brülle ich: „Tote Orte gibt es nicht. Sie machen mir Angst!", gegen eine beliebige Hauswand, die schweigt, was mich in meinem Meinen bestätigt.

Eva Gruber

DEIN ORT
oder 'Schusssichere Weste' oder 'Erinnerungen an den Krieg'

Ich betrete deine Gedanken, deinen Ort,
nicht ohne schusssichere Weste
Obwohl du mir doch völlig unbewaffnet
gegenüber stehst

Angst hatte ich davor, zuzusagen,
deine Geschichte zu hören
Teil deiner Erinnerungen zu werden,
die oft so blutig sind

Trotzdem sind sie kostbar, ja wertvoll,
denn sie sind ein Stück von dir
Nicht glänzend, sondern staubbedeckt
und längst kein sorglos angelegter Schmuck

Du beginnst zu erzählen, erst leise,
dann laut, dann schreist du
Weinst, klammerst dich an meinen Geist, meine Hände,
wie ein Ertrinkender

Ich weiß nicht, was ich tun soll,
am liebsten würde ich fliehen, wie du
Weg von dem, was du wortreich
in seltsamen Farben hervorgebracht hast

Dabei ist Malen sonst oft so hübsch,
manchmal wird sogar gerahmt
Doch hier endet adrenalingeladener Bosch
in blutrotem Rorschach

Ich will nichts erkennen, zu schlecht bin ich
im Erraten längst erahnter Fakten
Überhöre Rufe grausamer Wiedersehensfreude
des eigenen Minihieronymus

TÜV getestete Faser sollte mich schützen,
doch durchdringt dein Rot alles
Bis hin zum empfindlichen Mark
unter all den angespannten Muskeln

Argloses 'Ich' wohnte einst
in hübsch glasiertem, buntem Billigkrug
Doch du schlugst wortreich Risse –
und so rinnt es gnadenlos in deine Realität

Blindheit und Bequemlichkeit waren keine guten Glaser,
doch so verlockend
Scherben schneiden die Weste entzwei
und ich bin im Nähen zu schlecht

Ich seufze und lege den Schutz vorsichtig ab,
er ist seltsam nutzlos geworden
Zeige mich mutig, schüchtern, panisch
und mit deinem Blut an meiner Haut

So wahr bin ich Dir verpflichtet mich zu öffnen,
für all deine Berichte von
Fehlenden Westen, verlorenen Krügen,
Verstecken, Angst und zerfetztem Fleisch

Unser Erleben hätte ungleicher nicht sein können,
doch bist du nun hier
Und die Freundschaft spinnt uns
kugelsicheres, unbezahlbares Garn – so sind wir eins

Ich habe deinen Ort betreten,
einen scheinbar verlassenen Ort
Mit deinem Echo darin,
welches lebendig durch den ganzen roten Staub ruft

Dagmar Tollwerth
Casa do Passal

Manche Orte oder Plätze wirken, als sei die Zeit dort stehen geblieben. Wurzeln und wilder Neuwuchs erobern die Böden und Mauern, von denen ein Flüstern aus vergangener Zeit ausgeht. Die Natur entwirft um den Verfall ein neues Kunstwerk, in dem der Betrachter durchaus etwas Schönheit finden könnte. Hier sind der Fantasie keine Grenzen gesetzt, wenn sich bei der Beantwortung der Frage „Warum ist dieser Ort nun eine Ruine?" die wildesten Märchen im Kopf formen. Grüne Decken von Gras, Moos und Grünspan überziehen die Verwahrlosung. Eine natürlich gefärbte stockende Atmosphäre. Auf der Suche nach dem verborgenen Warum durch das natürlich komponierte Farbkonzept hindurch ertönen Stimmen. In einer besonderen Klangfarbe und in einer stummen Sprache kommt die Geschichte um die Orte oder Plätze zum Vorschein. Die alten Seelen versammeln sich zu einem Bad der Sehnsucht und Wehmut. Etwas Geliebtes wurde verloren, Wissen wird unterdrückt. Warum sind die Menschen gegangen? Die eindringliche Neugierde auf die Geschichte ist nicht zu bremsen.

Ein verfallenes Haus, das von damals träumt, wird zum Flüstern der Mauern. So zeigte sich das *Casa do Passal* von Aristides de Sousa Mendes bis ins Jahr 2014.

„Wer ein Leben rettet, rettet die Welt", so lautet die Inschrift auf dem Grabstein von Aristides de Sousa Mendes. Diese Worte waren jahrzehntelang der einzige Fingerzeig auf die großen und denkwürdigen Taten des portugiesischen Generalkonsuls. Während seiner Tätigkeit in Bordeaux rettete er 30.000 Menschen unterschiedlichsten Nationalitäten, darunter 10.000 Juden, das Leben. Durch die

Ausstellung von Visa, konnten sich diese Menschen durch Passieren der iberischen Halbinsel vor den Nazis in Sicherheit bringen.

Der portugiesische Diktator António de Oliveira Salazar, von dem Sousa Mendes selbst zum Generalkonsul in Bordeaux ernannt wurde, empfand Sympathien für Hitlers Kampf. Ließ er doch selbst ein Konzentrationslager für die Feinde des portugiesischen Regimes errichten. Das *Campo do Tarrafal* oder auch *Campo da morte lenta* (das Lager des langsamen Todes) genannt, wurde ab 1938 von João da Silva geleitet. Der wiederrum seine Offiziere im Konzentrationslager Dachau ausbilden lassen haben soll. Die portugiesische geheime Staatspolizei PIDE (*Polícia Internacionale de Defesa do Estado*), die im Jahre 1933 gegründet wurde, ging Berichten nach bei der deutschen GESTAPO in die Ausbildung. Eine ihrer Aufgaben war es, Oppositionelle und Revolutionäre, die gegen die Salazar'sche Befehlsgewalt waren, im Gefängnis verschwinden zu lassen. Es war also mehr als nur Sympathie für Hitlers Kampf.
Salazar erteilte seinem Konsul den Befehl über das Rundschreiben *Circular* 14 keinen Ausländern mit unbestimmter Nationalität, Staatenlose und vertriebenen Juden portugiesische Visa auszustellen. Hieran hielt sich Sousa Mendes nicht und verstieß damit gegen die Vorschriften.

Ein Visum für ein Leben und die mörderische Hand Hitlers geht leerer aus.

Sousa Mendes erteilte ausnahmslos und ungeachtet der Nationalität, Rasse oder Religion jedem ein Visum, trotz der gegenteiligen Instruktionen aus Lissabon. Er setzte seine diplomatische Karriere für die Rettung vieler Leben aufs Spiel. Die Information über seine Taten verbreitete er über den Rabbi Chaim Krüger. Wie an einem Fließband wurden die entsprechenden Dokumente bearbeitet und unterzeichnet, damit die Flüchtigen über den nur einzig möglichen Weg über die portugiesischen Häfen und nach Übersee fliehen konnten.

Nachdem Sousa Mendes am 24. Juni ein Telegramm von Salazar erhielt, in dem er zur Rückkehr nach Portugal aufgefordert wurde, traf Sousa Mendes am 8. Juli in seinem Heimatland ein. Allerdings hatte er noch auf seinem Weg durch Frankreich zahlreiche Papiere unterzeichnet, um so vielen Juden das Schicksal einer Deportation in ein Konzentrationslager zu ersparen. Ein Ort der Folter und des Todes. Hitlers Instrument der verbrecherischen Rassenideologie. Was Sousa Mendes tat, kann mit Worten nicht aufgewogen werden. Wer oder was definierte einen „Feind des Dritten Reichs"?

Durch sein Handeln fiel er selbst in Ungnade, da Salazar ihm seinen Ungehorsam und seine Eigenmächtigkeit nicht verzieh. Von der portugiesischen Regierung aus dem Diplomatischen Dienst entlassen, führte er anschließend ein sichtbar unsichtbares Leben. Die gesellschaftliche Ächtung, die folgte, machte ihm und seiner Familie schwer zu schaffen. Seine Kinder erhielten in Portugal keine Anstellung. Sousa Mendes soll Rabbiner Kruger gesagt haben: „Wenn Tausende von Juden wegen eines Christen leiden, ist es nur angemessen, dass ein Christ für so viele Juden leidet."

In bitterer Armut verstarb er am 3. April 1954 im *Ordem Terceira* in Lissabon an den Folgen eines Schlaganfalls. Der 2. Weltkrieg war längst vorbei, viele Spuren der deutschen Verbrechen waren von Machthabern verwischt. Die *Estado Novo*, die autoritäre Diktatur Salazars, und die damit verbundene Schreckensherrschaft gingen aber weiter bis ins

Jahr 1968. Das Land lag bis dahin in der Ketten des Salazarismus, aufgrund dessen Sousa Mendes seine eigene Rehabilitierung nicht mehr miterleben konnte. Yad Vashem erkannte ihn als „Gerechter unter den Völkern" an. Am 18. März 1988 wurden von der portugiesischen Regierung, allerdings aufgrund äußeren Drucks und der Bemühungen seiner Kinder, alle Vorwürfe gegen Sousa Mendes fallen gelassen. Postum wieder im Diplomatischen Corps aufgenommen, wurde er 1995 mit der höchsten Auszeichnung Portugals geehrt.

Sousa Mendes ermöglichte die Entstehung einer neuen Generation, all derjenigen, die sich einst in Sicherheit bringen konnten. Ein Blick auf die Visaliste ist äußerst aufschlussreich. Hier findet sich zum Beispiel unter der Visa-Nr. 2519 der surrealistische Maler Salvatore Dali und Robert Montgomery, der Hollywoodschauspieler und Regisseur, findet sich unter der Visa-Nr. 1436.

60 Jahre nach seinem Tod begannen die Renovierungsarbeiten an dem Herrenhaus. Bislang soll es nur äußerlich renoviert worden sein. Die Wiederherstellung im Inneren steht noch aus. Es ist schon heute eine Gedenkstätte, ein Ort der Erinnerung und gegen das Vergessen. Die Wiederbelebung dieses einstigen Geisterhauses, die hoffentlich Früchte tragen wird, ist ein schöner Gedanke. Zwischen der bröckelnden Substanz wartet der verträumte und familiäre Glanz alter Zeiten wehmütig darauf, nach und nach offenbart zu werden, um einen Weg zurück in das heutige Leben zu finden. *Saudade*!

Dominik Riedo
ANDERE BEDEUTUNGEN

Ich habe seit über sieben Monaten starke Schmerzen. Und ich schaue verwundert auf ein Foto, das mich vor dem Grand Canyon zeigt, was gerade einmal gut neun Monate her ist. Für mich ist das Zentrum des Bildes heute leer. Ich erinnere mich an den genauen Ort, ich sehe die wunderbare Landschaft im Hintergrund, aber ich fühle nicht mehr, was ich damals fühlte, wie es damals war, an dem Ort zu stehen. Denn ich weiss: Damals ging es mir gut. Heute, stünde ich heute dort, wäre alles anders, ich könnte nicht geniessen wie im Frühling 2017. Das Foto würde mir mehr nützen, wenn ich nicht drauf wäre. Dann könnte ich es als eine Art unabhängige Landschaftsaufnahme betrachten. So aber hat es eine fehlerhafte Leerstelle, die ich nicht mehr zu füllen vermag.

Ähnlich, und doch anders, wäre es, wenn ich mit einer alten Liebe dort gestanden wäre. In dem Fall könnte ich mich, wäre es gut ausgegangen, wohl noch an den Moment und die Gefühle dabei erinnern. Denn da wären zwei Menschen involviert, nicht nur einer. Also dürfte ich nicht nur von mir ausgehen bei der Wieder-Ausdeutung des Bildes. Sowieso: Irgendwann, wenn das Leben dann wieder nochmals anders käme, wäre dieses Pärchen-Foto nicht mehr derart wichtig, würde aber dafür diesen Ort, den Grand Canyon, an genau dem Punkt freimachen für andere Pärchen, die sich dort fotografieren lassen möchten. Der Ort könnte neu aufgeladen werden mit anderen Bedeutungen für andere Menschen, ohne dass ich dies als störend empfände.

Okay, das kann man mit dem Ort auch, wenn ich allein dort stand. Was ich aber sagen möchte: Es fiele mir leichter, selbst noch etwas zu fühlen, wäre es ein Pärchen-Foto.

Sie sehen, dass alles ist wie ein Durcheinander.

Klar aber sehe ich bei Folgendem:

Ganz anders sind Fotos, die ich in Theresienstadt gemacht habe. Irgendwann. So genau kommt es da nicht darauf an. Denn dort würde ich niemals mich selbst hinstellen, niemals ein Selfie schiessen, nie als Pärchen dastehen und knipsen. Dieser Ort steht nicht für mich. Dieser Ort steht nicht für ein Pärchen. Er kann auch nicht freigegeben werden für völlig neue Bedeutungen.

Dieser Ort hat weltweit eine Bedeutung, die ihm inne liegt, schon bei Fotos, die jemand anders gemacht hatte und die ich vor meiner Anwesenheit dort sah. Allerdings war es dann nochmals etwas Anderes, wirklich an dem Ort zu sein.

Und genau deshalb sind die wenigen Fotos, die ich gemacht habe, nicht wie an irgendwelchen Orten auf der Welt. Ich darf nicht drauf sein. Und das Bild muss mir auch nicht als Landschaftsbild herhalten, das ich wieder geniessen können möchte, weil es mir vielleicht schlecht geht.

Denn egal, wie es mir geht, es gibt Orte, die müssen auf Fotos leer sein. Damit das Grauen, das wir an diesem Ort spüren sollen und – falls wir dort gewesen sind – uns erinnert, dort gespürt zu haben, erhalten bleibt. Gerade eben ohne Menschen im Bild. Denn das wäre ein Affront gegen die Menschen von damals.

Marina Büttner

WESSEN HAND?

Etwaige Werkstätten ließen sich finden an
jenen langen ausgetretenen Straßen im Abstand
zur bloßen roten Erde, zu zerklüfteten Halden
fassen sich die Gebäude an den Händen, eine
knappe Verbeugung, scheint dir; Sie warten auf
ihre Konservierung, in ihrer Reinheit wirken sie
leer. Nur hinter manch blindem Fenster scheint
eine Hand mit einem Zündholz Feuer zu entfachen

(Wessen Wesens Hand?)

Und am letzten dieser Häuser ist eine Scheibe
zerbrochen, ist ein Zugang offen, hebt sich der
doppelte Boden, verlassen Gestalten wie Geister
den Ort, an dem sie Schritt für Schritt ihre Seele
verloren, ihre Freunde verrieten, dafür Ablass
kauften. Bald verwischen sich die Bilder, werden
Schemen, nur noch Umrisse einer Siedlung sind
zu sehen, umgeben von Brache mit randständigen
Zäunen am südlichsten Ende scheinen verdorrte
Wälder in die Zukunft zu sehen.

Christiane Schwarze
ERINNERUNG AN

Polizeieinsatz. – Veranlasst von der gelben Muschel.
Niedergebrannte Häuser.
Kein Bewohner traut sich zurück.

EINTRAG GEFÄNGNISTAGEBUCH
„DAS UNRECHT GEHT IM LAND UM
WIE EIN TIGER AUF BEUTEJAGD."*

Krokodil, Seekuh, Zwergflusspferd.
Flüsse und Mangrovenwald.
Felder mit Getreide, Maniok und Jams – bevor.

GEB. NEUNZEHNHUNDERTEINUNDVIERZIG
SOHN DES STAMMESHÄUPTLINGS
SCHRIFTSTELLER UND MENSCHENRECHTLER

Schneisen durch Urwald. Bohrtürme.
Pipelines. Raffinerien.
Die Muschel bohrt. Teilt mit Diktator braunflüssiges
Gold.

DREIHUNDERTTAUSEND MARSCHIEREN.
KÄMPFEN FÜR DAS ÜBERLEBEN
DES OGONIVOLKS – GEWALTLOS

Einwohner vertrieben. Gewinn sprudelt. Rohre lecken.
Öl in Erde und Flüssen.
Kein Vogel fliegt mehr am Himmel.

TODESURTEIL GALGEN. VOLLSTRECKT.
DIE MUSCHEL HÄTTE – ABER
LIESS DEN DIKTATOR GEWÄHREN.

Flüsse ohne Fische. Nirgends Grün. Volk ohne Heimat.
Gelbe Muschel zieht weiter.
Hinterlässt zähklebrigen Tod.

WILL VERGESSEN. LAND UND MENSCHEN.
GESCHÄFT MIT DEM DIKTATOR.
DEN DICHTER KEN SARO-WIWA.

*Anmerkung der Autorin:

„Das Unrecht geht im Land um wie ein Tiger auf Beutejagd" ist ein Zitat des nigerianischen Schriftstellers, Bürgerrechtlers und Umweltaktivisten Ken Saro-Wiwa aus seinem Gefängnistagebuch. (Der Dichter erhielt für seine Verdienste für Menschenrechte bzw. Umwelt den alternativen Nobelpreis, den Bruno-Kreisky-Preis und den Goldman Environmental Prize.)

Nach seiner Hinrichtung am 10.11.95 erschien dieses Buch posthum. Die deutsche Übersetzung wurde unter dem Titel „Flammen der Hölle – Nigeria und Shell: Der schmutzige Krieg gegen die Ogoni", Rowohlt Taschenbuch Verlag, Reinbek bei Hamburg, 1996, veröffentlicht.

Magnus Tautz
EBERSWALDE

Ein Gerippe aus Mücken und Stahl,
Singvögel im besten Alter. Wir tasten

das Eisen ab nach geeigneten Momenten,
wenn es nachgibt, möchten wir fliehen,

etwas mitnehmen
wie aus dem Innenraum eines Gedichts,

Klänge in den Bogen halten, über rostige
Pfützen springen, wenn wir wieder da sind,

werden wir feststellen, dass manches
noch immer leuchtet oder blutet.

Nataša Dragnić

DANACH

Augen ohne Lider
kohlenschwarz, ewiger Schlaf.
Mauer ohne Dach
aschgrau, ewige Erinnerung.
          Stein auf Stein.

Farbe voller Kratzer
Leere ohne Ende
Atemzüge
leise.
Gottes Sohn
ach so leise
auf dem Boden voller Splitter.
Gebrochen sein Kreuz.
Haut voller Narben
Schmerz
Schrei
ewig ewig.
        Holz auf Stein.

Sprachlos
reglos
gedankenlos
im Haus der Stille.
        Herz auf Stein.

Sonne, blendendes Gold
im Himmel, durchsichtigem Silber
Bäume wieder grün, ach so grün
Gras sanft, ach so sanft.
Erlösung, endlich.
        Endlich.

Lara R. Schwoch

MUSIK UND MONDSCHEIN

Der Frost frisst sich unbarmherzig durch die letzten Blätter der Bäume, der Lohn dafür, dass sie sich bis in den tiefsten Winter hinein noch am Leben festklammern. Das übrige Laub knirscht leise unter meinen Füßen, als ich mir den Weg durch das Unterholz bahne. Meine Schritte sind langsam und stetig, wie ein Rhythmus, der sich nahtlos in das Lied des Windes einfügt.

Die Kälte hängt in der Luft. Sie fährt mir mit stillen Küssen über die Haut und füllt meine Lungen mit winterlichen Vorreitern.

Seit mehreren Stunden liegt das Mondlicht bereits wie ein silberner Umhang auf der Erde und verleiht ihr einen unwirklichen Schimmer.

Unsicher blicke ich auf den Weg vor mir. Unwillkürlich weiß ich, dass ich die richtige Richtung eingeschlagen habe.

Vor zwei Stunden bin ich aufgestanden, oder besser: wurde ich aufgeweckt. Es war, als würde mich jemand rufen. Ich hatte gar keine andere Wahl, als dem Rufen zu folgen. Also machte ich mich auf den Weg.

Warum mitten in der Nacht, wenn die Temperaturen so tief gesunken sind, wie noch nie zuvor in diesem Jahr?

Warum ich, von allen Menschen?

Ich weiß es nicht.

Das Mondlicht fällt jetzt beständiger auf den Waldboden und die Bäume stehen nicht mehr so nah beieinander, aber trotz des sich lichtenden Waldes tue ich mein Bestes, um mich möglichst lautlos zu bewegen. Die Hände tief in den Taschen vergraben, trete ich auf die Lichtung.

Mein Puls schnellt in die Höhe und da wird mir klar, dass ich am richtigen Ort bin. Für eine Sekunde fühlte ich nicht die schneidend kalte Nachtluft in mir, sondern pures Erstaunen.

Es ist still, bis auf meine abrupte Atmung. Nichts bewegt sich, bis auf die kleinen Wölkchen, die sich vor mir in der Luft bilden.

Das Gebäude auf der Lichtung, der Beweis für die erbarmungslose Faust der Zeit, musste irgendwann eine Kirche gewesen sein, aber bis auf den Grundriss und eine Handvoll Säulenbögen steht nichts mehr. Trotzdem. Der Ort vibriert vor Energie. Sie ist überall um mich herum, liegt in der Luft wie schwerer Essensgeruch, umkreist mich, wie ein aufgeregter Hund. Sie fährt durch meine Kleidung und legt sich auf meine Haut, einer zweiten Schicht gleich.

Das muss es gewesen sein, was mich hergebracht hat.

Ohne den Schutz der Bäume wird es sehr unbehaglich. Nackt und schutzlos fühle ich mich, wie ein Neugeborenes, das nicht versteht, was mit ihm geschieht. Die Härchen auf meinen Armen stellen sich auf und obwohl sich Schweiß in meinem Nacken bildet, fröstelt es mich.

Alle meine Instinkte schreien auf, befehlen mir, mich sofort wieder in den Wald zurückzuziehen.

Aber ich will nicht. Bin ich nur hergekommen, um im entscheidenden Augenblick umzukehren?
Nein.
Außerdem, was soll mir schon passieren?
Ich bin vollkommen alleine hier.

„Ja, allein und verlassen in der dunklen Nacht." Die Stimme kommt von überall her, aus jeder Richtung dringen die dunklen Worte an mein Ohr. Flüstern die Bäume oder ist es doch nur meine eigene Angst, die sich nach außen kehrt?

Heftig schüttele ich den Kopf und beiße die Zähne so fest zusammen, dass ich das abstoßende, knirschende Geräusch höre.

Ich mache einen weiteren Schritt auf die alte Kirche zu.

„Du bist ganz alleine."

Und noch einen. Die Schatten werden länger.

„Niemand wird dich hier finden!"

Die Stimme wird lauter. Ich gehe weiter und weiter und weiter.

Die Nacht schreit. Wind fährt mir entgegen, als wolle er mich mitreißen.

Ich lege meine Hand an die schwere Doppeltür, feucht und kühl unter meinen Fingerspitzen. Das Holz ist dunkel, ohne Verzierungen und Schmuck, bis auf das Moos, das an ihr hochwächst.

Vor Spannung verkrampft sich mein Kiefer und ich kneife die Augen fest zu, dann lehne ich mich mit meinem ganzen Gewicht gegen die alte Tür.

Und sie öffnet sich beinahe lautlos.

Kaum ist die Tür nach innen aufgeschwungen, hat auch der Wind aufgehört. Der Wald schreit nicht mehr nach mir. Auch meine Atmung beruhigt sich. Was auch immer mich von der Kirche fernhalten wollte, ist verschwunden.

Irgendwann war der Innenraum von außergewöhnlicher Schönheit gewesen. Das konnte ich selbst jetzt noch sehen: die reichen Ornamente, die sich wie Pflanzen an den verbliebenen Säulen emporziehen; sie erzählen Geschichten von Reichtum und Glanz, ebenso die Mosaike auf dem Boden. Ihre Farben mischen sich mit den Scherben der ehemaligen Buntglasfenster. Ich wage es kaum, auf sie zu treten.

Doch jetzt scheint der Mond durch die Löcher in der hohen Decke und zeichnet tanzend neue Bilder auf den Boden; nichtsdestotrotz Bilder der Verwüstung und des Zerfalls.

Der Raum ist größtenteils leer. Die letzten Kirchenbänke sind achtlos an die Wand geschoben worden, hier und da liegen die Reste eines Gesangbuches und von dem, was einst das Taufbecken gewesen war, ist jetzt nichts außer Staub und unförmiger Steinbrocken übrig.

Der ganze Ort wirkt, als ob er seit Jahren nicht mehr besucht und vergessen sich selbst überlassen wurde, wenn da nicht der Flügel wäre.

Er steht, wo eigentlich der Altar seinen Platz findet, im Zentrum der Empore, wo ihm die ungeteilte Aufmerksamkeit zusteht.

Aus dem gleichen Holz wie die Tür gemacht, glänzte er doch geradezu im silbrigen Mondlicht. Kein Staubkorn findet sich auf seiner Oberfläche, keine Asche, als wenn er eben erst dahin gestellt worden wäre, nur für mich.

Ich muss meine Augen von dem Anblick losreißen, um den Raum vollkommen in Betracht nehmen zu können. Niemand ist hier. Weder ist etwas zu hören, noch finden sich Fußabdrücke auf dem Boden. Ich musste seit Jahren die erste Person sein, die die Kirche betritt.

Das Geräusch der Schritte auf dem steinernen Boden kommt mir ungewöhnlich laut vor, wie das unerwünschte Lachen in einer Bibliothek. Es prallt von den Wänden ab und wird im Raum zu einem einzigen Echo. Trotzdem gehe ich weiter, immer weiter auf den Flügel zu.
Je näher ich komme, desto mehr kann ich auch erkennen: Die Makellosigkeit des Holzes, die Tasten, die so ausse-

hen, als wurden sie nie zuvor zum Spielen angeschlagen, die Eleganz der edlen Kurven.

Meine Finger gleiten über die glatte Oberfläche, behutsam, vorsichtig, als könne das massive Holz unter meiner Berührung zerbrechen. Langsam gehe ich um den Flügel herum, bis ich mich auf dem Hocker niederlasse. Meine Hände liegen ruhig auf den Tasten.

Ohne weiter zu überlegen, schlage ich eine beliebige Taste an. Der Ton füllt den ganzen Raum aus, reicht bis in die letzten Ecken der verfallenen Kirche. Er vibriert erst in der Luft, greift dann auf mein Inneres über, um in mir weiter zu klingen. Für einen kurzen Moment scheint der Mond etwas heller zu leuchten.

Der Ton verklingt und nichts ist passiert.

Ich schließe die Augen, setze meine Hände neu an und beginne zu spielen.
    Die Melodie findet sich ganz von selbst. Es fängt langsam an, geradezu schwerfällig und vor Melancholie triefend. Dann schraubt sich die Musik aufwärts, wird schneller und schneller. Sie berichtet von Liebe und Verlust, von großer Hoffnung und ebenso großen Ängsten.

Und wie die Melodie so in der Luft pulsiert, als wäre sie lebendig, so wird mir bewusst, dass ich das Lied vom Leben spiele.

Plötzlich ist es unnatürlich hell und der Raum wird in Silber gebadet, als stünde der Mond in Flammen. Schemen lösen sich aus der silbernen Flut, zuerst kaum zu erkennen, doch dann umso deutlicher. Eine Braut aus Mondlicht schreitet durch den ehemaligen Mittelgang auf mich zu.

Nein, nicht auf mich. Ihr Bräutigam entflieht dem unförmigen Licht direkt vor mir.

Kaum entsteht eine Szene, zerfällt sie auch schon und wird erneut zum Teil des Ganzen, macht Platz für Neues.

Das Lied wandelt sich. Zwar schwingt weiterhin die tiefe Liebe in seiner Seele mit, doch spricht es jetzt auch von Neuanfang, von Geborgenheit.
Die Taufe eines Kindes.

Eltern und Paten leuchten vor Freude, als ihr Liebes mit dem heiligen Wasser übergossen wird.

Eine Beerdigung. Die silbernen Schemen strahlen dunkles Licht aus, füllen meine Melodie und mich mit Trauer und Sorge. Die Luft um mich herum wird so schwer wie mein Herz. Fast hätte ich die Finger von den Tasten genommen, nur um diesem Gefühl der inneren Dunkelheit zu entfliehen.

Ich weiß nicht, ob es Minuten oder Stunden sind, die ich hier im Mondlicht verbringe und die Musik aus mir herausfließt, aber letztendlich klingt mein Lied aus und die Schemen verblassen. Der Raum findet wieder zurück in seinen eigentlichen Zustand.

Ich sehe mich um. Es sieht so aus wie vorhin, aber doch scheint alles in einem anderen Licht. Als hätte ich jetzt einen anderen Blick auf die Welt, merke ich, dass...

...doch nicht alles so verlassen ist, wie es zu sein vorgibt.

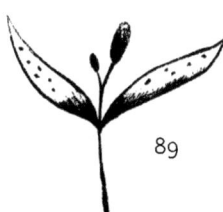

Christine Hidringer
ERWECKT

Vor der Stadt
hinter Weinbergen
entlang des Mains
verblutet Abendlicht
gelb golden und rot
ein letzter
Sonnentropfen nascht
Wassergrün
und ertrinkt
wehrlos unter Tintenblau
auf bunten Lichtbalken
gleitet Laternenlicht
in Kirchenstille
malt Farbenmosaik
auf grauen Stein
als sei dies
ihre Zeit
beginnen geschnitzte Gesichter
hölzerner Heiliger
in der Dämmerung
zu leben

Karin Weber

Ein warmer Platz

Ich stehe ganz am Rande vom Geschehen,
im Abseits. Selten kommt hier wer vorbei.
Man sagt, dass dies bei unsereins so sei,
denn Ställe werden meistens übersehen.

Naja, ich bin auch alt und recht verfallen,
jedoch, mit etwas Pflege hätt ich Charme
und hinten auf dem Stroh ist's weich und warm,
das könnte einem Wanderer gefallen,

erschiene er hier abends durchgefroren.
Was ist nur los in dieser klaren Nacht?
Es hat sich jemand zu mir aufgemacht,

und alsbald klopfts an meine Türe – sacht...
Ich bin nun nicht mehr einsam und verloren,
denn Gott hat sich in mich hinein geboren.

Aya Malí
FESTUNG DER VERGANGENHEIT

Hoch zum Himmel ragt die Zinne
Festung der Vergangenheit
Ich verliere meinen Sinn im
Taumel jener alten Zeit.

In den modernden Gemäuern
Sammeln die Gedanken sich
Stets das Bildnis zu erneuern
Das im Lauf der Zeit verblich.

Ach – die Unschuld jener Tage
Hat auf zarte Leinenwand
Pinsels Strich und Herzens Zagen
Voller Sehnsucht mir gebannt!

Stille schleicht durch leere Räume
Nachtwind wispert im Gebälk
Auf der Spur vergang'ner Träume
Flücht' ich suchend aus der Welt.

Steht die alte Burg noch immer?
Ragt ins Blau wie Trauerflor.
Und ich such' durch ihre Zimmer
Nach dem Traum, den ich verlor.

Christian Engelken
KIRKENES

am rande dort,
gerade noch
nicht russland,
wo das postschiff endet
und die welt dazu
und auch der wald:

kirkenes.

am rande dort,
europa fing hier an,
das älteste gestein,
granit und gneis
und silikate,
jahrmilliarden alt:

kirkenes.

am rande dort,
wo ende sich
mit anfang trifft,
ein ort
für philosophen,
nackt und kalt:

kirkenes.

Sabine Rippe
Eine Betonharfe

Lautlos fallen die Tropfen auf den zerstörten Untergrund. Der Metallkern des Bodens, ein Netz aus Gitterdraht, ist an vielen Stellen freigelegt. Im Zwielicht schimmert das darunterliegende Stockwerk durch ein Loch. Alles ist übersät von Splittern, Bruchstücken und Dreck. Vergilbte Tapeten wellen sich, wenn sie nicht in phantastischen Schwüngen kopfüber herabhängen. Schwarz- und gelbamorphe Schimmel zersetzen die Wände, Rost zerlegt Heizkörper und Rohre. In einer Ecke am Fenster träumt eine schmale Reihe zwergwüchsiger Birken vom Sommer, zäh verwurzelt in etwas, das einmal Asbest, Styropor und Beton gewesen sein mag. Ein borstiger Ginsterstrauch hat sich im vermoosten Fensterrahmen festgekrallt, windschief gewachsen – Vegetation des Wahnsinns. Ich dürfte gar nicht hier sein. Als Kinder schnippten wir in diesem Raum vor mehr als dreißig Jahren Glasmurmeln über den Billig-Linoleum-Boden in ein Tor aus Streichholzschachteln, den Atem angehalten, die Pupillen weit und glänzend, die Lippen vor Spannung ganz schmal, oder geöffnet. Eine an sich unbedeutende Unebenheit im Boden lenkt die Kugel ab. Der Bruder gewinnt, wie fast immer, und sammelt geschäftig die Murmeln, es sind wenige, ein. Mir fröstelt in dem düsteren Zimmer. Totgeglaubtes wird wieder lebendig, sieht mich mahnend an. Ich stecke die Nadel weg. Die gefallenen Blutstropfen trocknen schon und verfärben sich ins Schwarze. Jetzt spüre ich wieder die Matrjoschka in meiner Hand, leicht und fest. Auf einem Flohmarkt hatte ich vor ein paar Jahren diese niedliche bunte Holzpuppe gesehen, die haargenau meiner eigenen aus Kindertagen glich. Als ich sie näher betrachte, entdecke ich meine ungelenk eingeritzten Initialen. Ich erschrecke zu Tode, die Puppe entgleitet der Hand, schlägt auf dem Boden auf, zerspringt in ihre tausend Teile; die machen hässlich klackende Hüpfer auf dem Asphalt und zerstreuen sich in alle Himmelsrichtungen.

Es knistert und knirscht unter meinen Füßen; mir ist schwindlig, als ich ans Fenster trete. Die Gardine mit dem lebensgroßen Pferdekopf-Motiv, das einzig verbliebene Interieur des Raumes, hängt fadenscheinig an der schiefen Leiste und zerfällt lautlos, als ich sie berühre. Oh Falada, da du hangest. Wie oft ritt ich in meinen Mädchen-Träumen mit dir in die Welt hinaus. An der Häuserwand gegenüber hat der Wind eine Düne aus Dreck und Laub bis zum Hochparterre aufgeweht. Kaputte Fenster schlagen unrhythmisch auf und zu. Der Wind pfeift durch leere Gänge und Treppenhäuser und verwandelt die Plattenbausiedlung in eine gigantische Harfe schräger Klänge, eine Betonharfe. Hier lebten einmal viele tausend Menschen, eine Vorzeige-Stadt aus der Retorte, am Reißbrett entworfen die Siedlung der ach so glorreichen Zukunft, der das alte Dorf, die Gärten, die Quelle und der Bach weichen mussten.

Mein Vater war Ingenieur, er hatte die Anlage mitgebaut. Nicht eine stinkende, laute und dreckige Eisenhütte wie im Nachbarort. Nein, die andere Anlage, das Wunderwerk der Technik, das außer wenigen weißen quadratischen Hallen nur ein paar Kühltürme brauchte und so sauber und umweltfreundlich war. Oft stand mein Vater schweigend am Fenster und betrachtete die Anlage. Ich konnte seinen Blick nie deuten. Eines Tages gingen plötzlich während des Schulunterrichtes die Sirenen los, der Herr Lehrer verließ schnell den Raum. Als er wenige Minuten später mit versteinerter Miene zurückkehrte, sagte er uns, dass wir jetzt sofort und ohne Umweg nach Hause gehen müssten. Wir sollten eines unserer Schulhefte aufgeklappt über den Kopf legen und erst absetzen, wenn wir in unserer Wohnung wären. Die Eltern seien bestimmt schon zuhause. Wir bräuchten auch in den nächsten beiden Tagen nicht in die Schule zu kommen. Es sei nur eine Übung, nichts weiter, falls der Feind angriffe, man müsse stets vorbereitet sein. Nachts höre ich die Eltern streiten, die Mutter weint und schreit erregt, wir können hier nicht weg, wohin sollen wir gehen, wovon sollen wir leben. Der Vater redet beschwichtigend auf sie ein, ich kann seine Worte nicht verstehen, seine Stimme schwillt an und wieder ab, es klingt wie ein merkwürdiger Singsang, eine Beschwörung, die meine Mutter umstimmen soll. Am nächsten Tag tun die Eltern normal. Mein Vater zieht sich, anders als sonst, wenn er zur Arbeit geht, seinen Schutzanzug an. Nach ein paar Tagen denkt keiner mehr an die Übung. Der Alltag ist wieder eingekehrt.

Ich schaue aus dem Fenster. Eine dünne Nebelschicht, die die Erde persönlich ausgeatmet zu haben scheint, liegt in der Ferne auf den Hügeln, lässt sie überirdisch schweben in allen Schattierungen von Weiß, Silber und Grau. Menschen leben dort keine mehr. Ich hatte oft aus dem Kinderzimmerfenster im 13. Stock geschaut und mich in die waldigen Hügel geträumt, in die Welt der Märchen und Sagen. Unser Plattenbau war Teil einer langen monotonen Häuserblockreihe, mit Blick auch auf die Industriezone. Manchmal glaubte ich, ein Zittern tief in der Erde zu spüren. Die Anlage, wegen der die Siedlung überhaupt erst gebaut worden war, war der ganze Stolz der Ingenieure, der Regierung. Wir waren die bisher einzige Stadt im ganzen weiten Land und hatten glücklich über diese Ehre zu sein, dies wurde uns immer wieder eingeschärft, bei jedem noch so geringen Anlass.

Dann kam der große Tag. Ein Mädchen lacht zu laut, die Frau Lehrerin ist nervös, sie hüstelt verstohlen. Der Zug hat Verspätung, heute am frühen Abend ist der Auftritt in der Landeshauptstadt, sechs Stunden Zugfahrt liegen vor uns. Der wichtige Funktionär wird feierlich verabschiedet, wir sind die beste Jugend-Folklore-Tanzgruppe landesweit und dürfen ihm zu Ehren auftreten. Zitternd vor Kälte und Lampenfieber stehen zwanzig Kinder auf dem trostlosen Bahnsteig in der kalten Frühlingsluft. Ich taste aufgeregt nach dem Nähzeug in meiner Tasche, unverzichtbar, wie schnell war am Tanzkostüm ein Saum eingerissen, ein Zierband lose, ein Knopf verloren. Es sticht, ich ziehe schnell meine Hand zurück, ein Blutstropfen bildet sich auf der Spitze meines Ringfingers. Ich suche schnell das Taschentuch aus dünnem Stoff hervor, welches die Großmutter mir am Morgen vor der Reise beim Abschied gegeben hatte, doch ich traue mich nicht, es zu benutzen. Das kostbare Tüchlein bleibt rein, das zarte Monogramm unbefleckt. Die Großmutter hatte gelächelt, als sie es mir gab und mich gefragt, ob ich mich noch an das Märchen erinnere, das sie mir so oft vorgelesen hatte, das Märchen von der Gänsemagd, ihrem Pferd Falada und dem Tüchlein mit den drei magischen Blutstropfen, das die Mutter der Tochter zum Schutz mit auf die Reise gibt. Das soll dich beschützen, hatte sie gesagt, und mich dreimal auf die Stirn geküsst.

Es durfte ja niemand dorthin zurück, wir erfuhren viele Jahre nichts. Während in den ersten Tagen fast pausenlos alle Sender auf der Welt von der Katastrophe berichteten, wie ich viel später erfuhr, herrschte bei uns Stillschweigen. Es soll Evakuierungen gegeben haben. Die Menschen der Siedlung aber waren innerhalb kürzester Zeit gestorben, ihre kontaminierten Körper verschwunden. Staatsgeheimnis. Jahrzehntelanges Sperrgebiet.

Mein Blick schweift über grüne Inseln, über Kiefern und Weiden, Buchen und Eichen, Holunder und Ginster, kreuz und quer wachsend dort, wo der Wind sie gepflanzt hat, in Ritzen und Spalten, auf Dächern und Balkonen, auf Plätzen und Straßen. Efeu windet sich um Geländer und klettert an Fassaden hoch. Die Parks haben sich in Urwälder verwandelt, die großartige Anlage aber bleibt von der Natur unberührt. Sie wurde unter einem Betonmantel begraben. Und als der erste nach ein paar Jahren erodiert war, wurde der nächste Schild darüber gezogen. Und so würde es bis in alle Zeiten weitergehen, weitergehen müssen.

Ich verlasse die Wohnung. In der Nähe ragt das Riesenrad aus dem Vergnügungspark hinter frühlingskahlen Baumkronen auf. Die Gondeln schwanken. Manche sind abgestürzt und liegen zerbeult und verrostend auf dem geborstenen Beton, behütet von Birken und Brombeeren, Gräsern und Haselsträuchern, Brennnesseln und Moos. Die Sonne spiegelt sich in einer flachen Seenlandschaft, die auf den versiegelten Flächen entstanden ist. Wildgänse ziehen mit sirrendem Flügelschlag über mich hinweg. Eine Amsel singt irgendwo in der Nähe, betörend. Ich nehme die kleine Nähnadel aus meiner Tasche und steche mich tief in den Daumen. Blut quillt hervor. Ein Psychiater meinte einmal, das sei ein hysterischer Tick, wegen dem Trauma. Er würde mir das schon abgewöhnen, ich würde schon sehen. Er lächelte überlegen. Ich ging nie wieder hin.

Der Tropfen fällt auf den Boden, beginnt schon zu trocknen. Ich lege mich daneben, umarme die geschundene Erde, umarme das Grab. Tief im Innern höre ich Wasser. Es fließt.

Reinhard Dellbrügge
Positiv denken im Sperrgebiet

Es sei ein außergewöhnlicher Trip, sagt der Reporter. Er begleitet eine Touristengruppe, die, ausgerüstet mit Kameras und Geigerzählern, durch eine verschneite Stadt stapft.

Wir sehen bekannte Bilder: das rostende Riesenrad im nie eröffneten Vergnügungspark, leere Gebäude, zersplitterte Fensterscheiben, umgekippte Regale, Kinderbetten, in denen seit Jahrzehnten dieselben alten Puppen sitzen.

Die Geisterstadt heißt Prypjat. Sie liegt in der Nähe des Kernkraftwerks Tschernobyl.

Die 60000 Touristen im Jahr – Tendenz steigend – belebten das Sperrgebiet, sagt der Reporter. Die Vegetation erobere die Dörfer und es gebe zudem eine vielfältige, prächtig gedeihende Fauna. Die Natur hole sich das Gebiet zurück.

Auch der Organisator des Trips zeigt sich begeistert von dieser Entwicklung.

Das verfallende Haus
einst panisch geräumt
nun Zuflucht der Wölfe.

Stephanie Richter

SCHWINDEN

Dort wo einst Motten flogen,
sind die Brunnen versiegt.
Es bleiben schwarze Löcher, gerahmt in Grün.
Wo einst Motten ihre Flügel spannten,
ertrinken Backsteinriesen in einem Birkenmeer
und Skelette, die einmal Hallen waren,
werden von Gestrüpp verschlungen.
Es bleiben rostige Stühle und Kommoden,
wie Blüten über die Wiese gestreut.
Exponierte Erinnerung.

Wolfgang Rinn
ORT DER ERINNERUNG

Torre Belvedere,
Zeuge längst vergangener Tage,
hast heute wieder mich gerufen.

Großes und Gewaltiges,
das hatten Menschen einst im Sinn,
sich über diesen Ort hinauszuheben,
der ihnen wie kein anderer
würdig schien,
dem Nachruhm
Glanz und Dauer zu verleihen.

Geblieben ist
von diesem hehren Traum
ein Torso aufgehäufter Mauerreste,
ein Turm, das Ganze überragend,
und jenseits
allen menschlichen Gebarens
ein Ausblick
in die Tiefen des Bergells.

Auch mich hat, was gewesen,
zu diesem Zeugnis hergelockt,
doch mehr noch
mein persönlich Leben,
in dem die eigene Erinnerung wohnt,
gefühlte Nähe eines Augenblicks,
das Gestern jetzt im Heute
in Wehmut still begleitend.

Thomas Hoffmann
Highgate Cemetery, London

Man geht den langen Hang hinunter durch ein Tor,
das schwer verheißungsvoll die Stille jenseits hegt,
und tritt hinein, schon Tiefes atmend, noch bevor
das schweigend Wiegende sich in den Blick bewegt...

Ein Weg, der sich verzweigt nach kurzem Offenbaren,
geht zaghaft durch das stille Harren in dein Blut,
und ein Geheimnis liegt auf allem, alt und gut,
und du fühlst bange, dass dies Menschen waren...

Dass diese Stille, die jetzt da liegt bei den Bäumen,
Leben waren, die einst träumten, versonnen und verliebt,
Leben, die einst überschäumten, ekstatisch, tief betrübt –
doch jetzt sind alle still in ihren zeitgekränkten Räumen...

Doch ist auch Tröstliches in diesen schweren Bildern,
man kann ihm lauschen in den Ranken und den Steinen –
doch weiß ich nicht: was mag den Schauer mildern,
den zarten Wind der Zeit an Namen und Gebeinen?

Nicole Nau

CEMENTERIO DE SANTIAGO

Es flirrt. Wie wenn jemand einen heißen Fön ins Gesicht hält, nur das Ganze ohne Wind. Kein Luftzug. Meine Gedanken kleben an der Straße, die vor uns wabert. Irgendwo nach 32 Kilometern geht es landeinwärts. Kein Schild, keine Straße. Links rein, vor dem Baum.

Am Friedhof vorbei. Daran erinnere ich mich. Er wird rechts von uns liegen. Kleine weißgekalkte Zementhäuslein, eine kleine Miniaturstadt für die Toten. Alles ist begraben in Staub und Sand, keine einzige Pflanze, keine Blume. Nur gleißend heißes Sonnenlicht. Kein Schatten. Ameisen kriechen und krabbeln die Sandwege entlang.

Auf der einen Seite liegen die Ovejeros. Luis Familie, obwohl sie seinen Namen nicht tragen. Oder besser gesagt: Er nicht ihren. Martinez, die Familie der Mutter.

Direkt daneben ein Pereyra. Aber das sei keiner von ihnen gewesen.

Luis Vater war dabei, als wir diesen Friedhof besuchten. Benjamin, der Jüngste von 11 Geschwistern. Er schlurft von hier nach da, als ginge ihn das alles nichts an. Dabei ist er der letzte, liegt seine Vergangenheit hier begraben.

Faltige Hände hängen aus dem karierten Hemd, Hände unter denen die Baumstämme nur so davonflogen, umknickten unter den schweren Äxten, die ich nur mit Mühe hochheben kann. Da ist kein Muskel mehr, auch keine Kraft, doch sein indianischer Stolz hält ihn aufrecht. Die Hände können nicht stillhalten. Sie haben ein eigenes Leben. Ein Leben, an dem Benjamin schon lange nicht mehr Teil hat.

An einem Grabgebäude bleibt er stehen, ich kann mir nicht vorstellen, dass da jemand begraben liegt, alle Gebäude sind hoch errichtet, da liegt niemand unter der Erde, die liegen irgendwie alle im Keller. Süßlich riecht es hier, modrig, als wären sie alle nicht richtig tot, oder zumindest erst gerade dort abgelegt.

Luis Vater flucht kurz und wendet sich ab. Ärgerlich. Ich gehe ein wenig weg, weiter, möchte Luis und seinen Vater nicht stören.

Die kleinen Gassen, sie sind nicht lang, aber viele, verwinden sich ein wenig, werden schmaler, brüchiger. Mit jedem Schritt verfällt mehr, meine Füße tragen mich in eine tiefe Vergangenheit. Der Friedhof ist nicht nur verlassen, hier ist er vollkommen vergessen. Hier gibt es niemand mehr, der der Toten gedenkt. Wie lange wird es dauern, bis der Sand alles zudeckt und die Steine zerfallen? Der Mensch zu Staub wird und der Friedhof zu Nichts. Die Zeit alles verweht, sogar die Erinnerung an diesen Friedhof.

Viele sind es nicht, die hier sterben. Es ist einsam. Eine unerträgliche Einsamkeit.

Großartige Prozessionen, Blumen, Pferde, Ochsen und Karren seien hier vorgefahren. Dieselben Karren auf denen sich zurechtgemachte Frauen und Mädchen zusammendrängten. Die Männer daneben auf Pferden, und Mauleseln, die Kinder barfüßig sich am Karren festhaltend. Zorra, so heißen sie, diese Karren, die nur ein Brett mit zwei Rädern sind und auf denen die einzigen Holzschemel der Hütte für die Reise festgezurrt werden. Trocken war es immer, aber noch konnte man im Schatten gehen und reiten. Damals, als der Monte noch Monte war. Ein dorniger Busch mit 20 Meter hohen jahrhundertealten Bäumen, darunter die kleinen Bäume, schließlich Gestrüpp und Gewächs, und das undurchdringliche Dornengebüsch. Luis Kindheit ohne Sorgen. Hier habe er gespielt. Hier war er glücklich. Hier hatte er gelernt, Wasser aus dem Schlammloch mit der Schale des Kaktus zu reinigen, Miel de Palo zu schlürfen, Honig, der aus Zweigen tropft, die Kaktusfrucht von den fiesen kleinen Stacheln zu befreien. Hier auf den Wegen, die mein Auge nicht entdecken kann, aber derjenige der hier groß geworden ist kennt, als seien sie auf Karten eingezeichnet, hier hat sich sein Instinkt entwickelt. Er bewegt sich wie ein Indianer, leise, lautlos, lauscht, riecht und sieht Spuren, unterscheidet Personen an ihrer Art aufzutreten, riecht, ob jemand gute oder böse Absichten hat. Hier war er glücklich. Als er noch Kind war. Ich schaue in die Gesichter. Ich kann kein Glück mehr entdecken, nur erdrückendes Schweigen. Das Glück ist mit den Kettensägen abgeholzt worden.

Nichts mehr steht hier, nur Wüstensand ist geblieben.

Ich weiß nicht wohin mit mir, die Sonne macht mich krank, ich kann mich vor ihr nicht schützen.

Gefällt wurden Bäume immer. Aber mit Respekt. Anders als heute.

Für einen Quebracho Colorado Baum haben Luis Vater und drei seiner Onkel zu viert 3 Tage lang gehackt.

Ein die Axt zerbrechendes, zu hartes Holz, das ist sein Name. Quebrar. Brechen. Hacha. Axt. Ein ehrlicher Kampf. Männerkraft gegen hartes Harz durchtränktes Holz, Schmerzen zur Ehre des Baumes. Schmerzen im Tausch gegen den großen Schmerz, 400 Jahre Leben zu fällen.

Sie ziehen los, mit ihrer Axt, lassen Frauen und Kinder zurück. Kein Strom, kein Wasser, keine Ärzte, nichts wird ihre Familie schützen.

Tagelang. Landeinwärts kämpfen sie sich durch das Gebüsch. Ihre Haut ölig vor Schweiß, die Hände hart, voller Schwielen. Ausgedörrt und hungrig kommen sie zurück, aber voller Stolz, mit ein paar Münzen.

Weit weg mussten sie gehen um einen Quebracho zu finden, den sie fällen durften. Ihr Instinkt sagte ihnen, welcher Baum „krank war", welcher Baum weg durfte.

Ihr Instinkt sagte ihnen auch, was sie zum Leben brauchen. Bis in die Ewigkeit. Bäume. Das war ihr Leben, ihr Schatten. Ihre Arbeit. Dort fanden sie auf natürliche Weise zusammen gepfercht ihr Vieh, und selbst zusammengerückt wie eine Herde Schutz, am Abend, und auch mittags, wenn die Sonne hochsteht. Lieber würden sie hungern und sterben als das Einzige, was ihr Volk hat, zu zerstören.

Sobald sie ein Quebracho erlegt hatten, musste er zerkleinert werden. Dann wurde ein Lehmofen gebaut, oder sie trugen das schwere Holz dorthin, wo sie schon einen Ofen genutzt hatten. Früher einmal. Das Holz wurde zu Kohle verbrannt, in kleine Säcklein gesteckt. Dann wurde die Zorra eingespannt und es ging Kilometer zur einzigen Straße Richtung Stadt. Mit dem Maulesel.

Ein Camion kam irgendwann, nie wusste man wann, aber er kam.

Manchmal warteten sie 2 Tage an der Straße. Der Camion holte die Kohle ab, für die Reichen in der Stadt, die ihren Asado grillen wollten.

Den Maulesel haben sie zuerst verkaufen müssen, dann die Zorra, das ist der Holzkarren.

Fleisch, hier gibt es kein Fleisch mehr. Früher hatte die Familie Ziegen. Aber eine Ziege hält die Hitze nicht mehr aus. Die Kettensägen haben den Monte zerstört. Bis an ihre Hütte haben sie den Monte weggesägt. Ein Cousin von Luis wollte auf den Monte aufpassen, er wollte die Bäume beschützen, die sie so dringend zum Leben brauchen. An einem Baum hat man ihn eines Morgens gefunden – festgebunden. Mit Messerstichen und Schusswunden. Das war der einzige Baum den sie haben stehen lassen.

Jeder weiß, wer mit den Kettensägen kommt. Aber wie soll man sich wehren, wenn man kaum die Kinder ernähren kann. Mit bloßen Händen?

Die Männer trinken, sie ertragen es nicht, ihre Familie so zu sehen. Gebräu das sie gären lassen, welches ihnen die Gedanken weit wegschiebt. Die Frauen starren vor sich hin, sehen zu wie ihre Brüste immer trockener werden und mager, ein Kind nach dem anderen stirbt, oder in die Stadt flüchtet, sollte es das alles überleben. Verlieren tun sie ihre Kinder so oder so. Zurück kommt keines.

Niemand mehr hält die Hitze aus. Kein Kind kann hier kräftig werden oder klug.

Nur die Alten, innerlich trocken, ausgedörrt, erstarren

in der Landschaft, unfähig sich zu bewegen. Abuela, Oma, komm doch zu mir. Aber an welches Leben sollen sie sich gewöhnen, in vier Wänden eines Hochhauses. Gewohnt, den Himmel direkt auf dem Haupt zu haben. Sie würden ein Apartment in der Stadt nicht überleben. Die Scham, gescheitert zu sein mit all ihren Träumen. Wer sollte das auch bezahlen?

Nun kleben sie unter dem Vordach, nur ihre Gesichtchen heben gelegentlich den Blick, wie Tiere kauern sie im Schatten und warten. Animalitos denke ich, Tierchen. Wenn die Sonne tief genug steht, kehrt Leben zurück in ihre Glieder, Kühle die ihnen erlaubt, aus dem Schatten zu treten. Aber da ist sie dann auch schon weg die Sonne. Es reicht gerade, um hinter das Haus zu gehen, da wo sie einmal eine Toilette bauen wollten.

Morgens direkt nach Sonnenaufgang können sie arbeiten, bis acht Uhr, und dann abends, kurz bevor die Sonne untergeht, da reicht die Zeit nie.

Arbeiten. Was um Himmels willen kann man hier tun, um Geld zu verdienen?

Was mag in so einem Kopf vorgehen, der nichts mehr denken kann, außer Sorgen zerkauen. In diesen Körpern, die einst fleißig kleine Früchte unter dem Johannisbrotbaum aufgehoben und zu Mehl gemahlen haben. Ein Mensch, der nichts mehr verändern kann, nur lebt, um das Leid zu ertragen und die Sorgen. Sogar die Sorge darum, wie man ihn begraben wird. Und wer.

Ich könnte das Leben hier nicht ertragen, ich könnte meinen Kopf nicht still bekommen, ich könnte ihn nicht zum Schweigen bringen und diese Sorgen ersticken. Ich könnte nicht mein hoch entwickeltes Hirn lahmlegen, dabei bin ich gar nicht mal sehr schlau, oder klug. Aber ich kann rechnen, und schreiben, lesen und abstrakt denken.

Abstrakt denken, würde ich die Ameisen zählen, die laufen, um mich zu beschäftigen? Ich verstehe nicht, was solche Köpfe denken, was solche Seelen fühlen. Ich verstehe meinen Hund besser, der mit mir spricht, gelernt hat, zusammen zu leben. Leben sie hier zusammen? Oder nur nebeneinander her? Ich kann das nicht wissen, ich werde das nie erfahren.

Niemand spricht hier.

Hmmmm, brmmm, sind Laute, die sie von sich geben.

Siehst Du, sagt plötzlich einer. Siehst Du was? Nichts ist zu sehen. Was soll hier auch zu sehen sein? Nicht mal Wolken am Himmel. Und trotzdem nicken sie alle. Als hätten sie verstanden.

Alles stirbt aus, die Gedanken. Sogar der Friedhof.

Obwohl sie sterben wie die Fliegen. Aber da wo niemand wohnt, wo alle paar Kilometer eine Familie aushält, und jedes Kind, das es irgendwie zum Bau schafft, oder in die Schule oder als Putzhilfe eingestellt werden kann, seine Sachen packt und in die Stadt zieht – dahin wo es fließendes Wasser gibt, dahin wo es aussieht, als könne man die entsetzliche Armut hinter sich lassen. Doch wo ist das schon, wenn man schwarzhäutig ist, mit 14 schon Zähne verliert und gelernt hat alles zu erdulden, wo könnte man die Armut hinter sich lassen? Da wo niemand wohnt und lebt, kann schließlich auch keiner mehr sterben.

Dabei brauchen sie sich. Alle miteinander. Es ist ein Paradies, es könnte eins sein, wenn es irgendwem wichtig wäre. Der Regierung, dem Nachbarn. Der Familie selbst.

Nur wenn Luis zu Besuch kommt, findet die Familie zusammen. Dann ist es wie früher. Fast.

Luis liebt diese Erde. Luis liebt alles, was diese Erde an Wundern vollbringt. Die Kultur seiner Vorfahren, die so lebendig ist. Aber man hat sie geraubt, spielt und trällert diese wunderbare Musik auf scheppernden E-Gitarren, Schlagzeug und mit „I love NY" T-Shirts, taub für den Klang der Stille von potenten Boxen. Ergreifende Texte, tieftraurige Melodien und lebendige Chacareras zerschrien. Sie verlieren ihre Identität, denn wo das herkommt, das will keiner wirklich wissen. Geschweige denn erdulden.

Deshalb fahren wir hierher. Weil wir diese kleine Glut, die noch glimmt, am Leben halten wollen und daraus wieder ein loderndes Feuer machen. Weil wir fühlen müssen, wovon wir erzählen im Tanz. Weil man in den Zweigen nicht das findet, was in den Wurzeln steckt. Das Holz Trommelspiel um das Schlammloch, die trockenen Füße, die beim Steppen Sand aufwirbeln, die weiten Röcke, die ich raffen muss, um tanzen zu können. Wir entdecken klitzekleine Blüten. Also doch, es könnte doch noch Leben hier geben. Und schon nimmt Luis seine Gitarre und singt von diesem Land, das nicht verloren ist, und die schönste Erde ist, die er kennt.

So liebe ich Luis, und liebe seine Kultur, die nun auch meine geworden ist, und tanze für ihn, und sein Land, das nun auch meines geworden ist und trage den Stolz in der Brust, eine von hier zu sein, und die Bescheidenheit, barfuß zu tanzen. Wissend, dass alle Familien vor mir höchstens Alpargatas an den Füßen hatten, einfache Leinenlatschen. Ich tanze, bis mir schwindelig wird und für einen Moment wird Santiago wieder lebendig. Mit seinen Bailes, mit dem Carnaval, mit den großen Prozessionen. Träume mitten in der sandigen Erde des Busches. Fröhlichkeit, für die man nichts braucht als ein wenig Musik und Sand unter den Füssen.

Aber sie ziehen hier weg, so wie Luis Vater. Deshalb können hier auch keine großen Friedhöfe entstehen. Nur die Alten, deren Wurzeln man nicht ausreißen kann, nicht mehr, die sterben hier, aber da wo niemand mehr leben kann, kann auch keiner sterben. Nicht mal die ganz Kleinen. Das sehe ich jetzt. Im Staub, da wo alte Gräber schon verfallen, wo Gestein bröckelt, ganz am Rand, weit weg von Luis und Benjamin, da wo Ameisen sich immer größere Straßen erlaufen, liegen in Tuch gewickelt ein Häufchen Knochen. Klein. Zart. Wie hingelegt und vergessen. Nicht gestorben, sondern verlassen. Da liegt es, dieses kleine Bündel, dass es nicht wirklich ins Leben geschafft hat.

Es liegt hier, als sei die Mutter selber hierhergekommen und habe es abgelegt, zärtlich.

Lange starre ich auf dieses Bündel, wage kaum zu atmen, als könne diese Mutter mich beobachten, ich das Kind wecken, die Seele dieses Kindes, die nicht in Frieden ruhen kann. Aber am meisten sorgt mich die Mutter. Diese Last, es nicht halten zu können. Nicht im Leben, auch nicht am Leben halten zu können. Auf die Welt gebracht, umsonst. Die Last im Leib getragen, umsonst. Dabei weiß ich, dass auch sie schon lange gegangen ist. Diese Mutter. Einsam. Auch ihre Seele findet keinen Frieden. Was ist Frieden?

Das Grab ist alt, verlassen, die Knochen vollkommen ausgebleicht. In die eigene Windel gewickelt.

Ich mag es anfassen, etwas davon nehmen, Von diesen zarten Knöchelchen. Sie liebkosen und trösten. Jetzt noch. Für die Milch, die es vielleicht nicht gab, den Arzt, der nicht kommen wollte, das Wasser, das die Mutter nicht trinken konnte, den Schlag, den der Vater ihr in seiner Verzweiflung in den Bauch trat, den Wasserkrug den sie anhob, am entfernten Wasserloch, der zu schwer war.

Erst viele Jahre später fragt Luis mich, ob ich diese Geste seines Vaters bemerkt hätte. Klar habe ich die bemerkt. Das ist keinesfalls üblich, an einem Friedhof so zu fluchen. Dieser Mensch hatte Luis Vater viel Unrecht angetan. Es war Benjamins letzter Besuch in Santiago, als habe er es gewusst, war die Zeit gekommen, diesem Menschen endlich die Meinung zu sagen.

Zu spät Benjamin, warum bist Du auch gegangen? Du und ihr alle? Warum habt ihr Luis Kindheit nicht gerettet?

Julie Ertrass

HORCH, DIE NACHT BRICHT AN...

Horch, die Nacht bricht an, knirschend über uns herein. Knautscht sich zwischen Tageslichtfetzen, verknittert die späten Stunden. Wir lauschen, bis der Tag zerbricht. / Im Dunkel ein Blick, im Nacken gespürt. Wen vergaßen wir im Zwielicht? Freunde? Feinde? Familie? Wo war die noch mal? Freunde, Feinde, Familie, wer warst du noch mal? So weit sind wir also gekommen. Dass wir uns an den Fragen nicht mehr erkennen. Bin ich, warst du, wurden wir? Der Kopf zieht Fäden, die Nacht trägt einen Mantel aus zähem Schwarz. Mach doch langsam! Im Vakuum der leeren Gänge sind wir, nichtmehrgesternnochnichtheute. Müsste es nicht dämmern, mir, dir? / Wir zerbrechen im Morgengrauen. Ich suche alte Pfade und trete sie wieder ein. Im Kopf steckt viel zu viel Sand knirscht unter Füßen. Ich lausche. Nirgendwo dein Abdruck.

Deserta

Sand. Kaltheiße oasenlose Wüstenstrände,
gehäutete Gestalten,
Sandgebirge, Wanderdünungen,
Umformungen,
verhüllt im Wind über Skeletten,
verdeckt vom Sand im Flug, im Niedergang, im Aufruhr
verschüttete Leben in Zukunftslosigkeit.

Blut. Süßes Blut. Versickert in mikrokörnigem Gebirge
ohne bewusstes Sein, ohne Wiederkehr – wenn auch erwartet –
verlaufen, verloren, vergessen. Umsonst
der kalte Wind der Nächte zwischen dünigen Gebirgen.

Rot. Wüstenmond glanzlos in der Kälte,
versickert im Blut, unauffindbar in Körnermillionen,
von Zeiten ungebändigt. Ohne Erinnerung
an Süße schwarzen Blutes.

Himmel. Blauer Himmel. Verfangen im Nachtgefunkel
über erinnerungslosen Körnern, Millionen, Milliarden,
Myriaden, verloren
in Wüsten in frostiger Kälte der Nacht. Die Karawane ruht.
Ruht ohne Wissen um die Schwärze verflossenen Blutes, ohne
Gedenken der Skelette, die nur der Wind mit getriebenen
Körnern findet.

Spur. Geschwunden. Dünenschweigen
im Sandmeer unter Sonnengeflimmer,
angesichtig der Oasen hinter den Sandgebirgen,
zerdurstet in Bläue zerfrosteter Nächte,
zerdrückt von Sternen in griffbereiter Höhe – gefallen,
erweckt, verkämmt, zerschliffen in Geschichtslosigkeit.
Auch wenn die Karawane rastete:
Schweigen.
Verloren im Erinnerungssand.
Gefallen aus der Zeit.

Wolfgang Mach

RAPS NUI

Aus Fels gemeißelt
Figuren blicken stumm
Verstreut
Am Rande des Vulkans

Südlich des südlichen Wendekreises
Einsam im Pazifik
Isla de Pascua

Hotel Matua hat dich besiedelt
Monumente sind entstanden
Unter großen Mühen

Am Rano Ranaku
Gebärmutter der kolossalen Statuen
Mutter aller Moais

Mythische Skulpturen
Schauen erstarrt
In die Ewigkeit

Joachim Gräber

ISCHIA, CASTELLO ARAGONESE
Verse in Erinnerung an die Dichterin Vittoria Colonna

Von Ruhm und Glanz dir kündet das Kastell,
wenn unten, träumerisch im Wellenschlagen,
bei IHR du bist und jenen fernen Tagen,
da unbekannt noch Hagel von Schrapnell.

Dann Kuppeln, hoch auf felsigem Gestell,
aus grünem Mantel in den Himmel ragen,
Bastionen wehrhaft an den Klippen kragen
und Häuser, Mauern, Bögen sandsteinhell

die Burg enthüllen, „Scoglio" einst genannt;
von der Colonna, Dichterin, die weilte
auf Ischia, heute Kurenden bekannt.

Magnet auch andren Künstlern war die Stätte,
wo sie, beseelt, an Sprachgebilden feilte
und schuf, in Form und Klang perfekt, Sonette.

Petra Ewering
WENN DIE AUGEN BILDER MALEN

Wenn die Augen Bilder malen,
sehend das, was einst mal war,
oder formen aus Antikem
sonderbare Wesen gar.

Alte Brunnen, Wasserspiele,
magisch ziehen sie dich an,
auch der alte Baum spricht weise,
die Wahrheit steckt in seinem Stamm.

Dann das Haus von gegenüber,
hat sich längst der Zeit gebeugt,
ächzend lächelt es herüber,
während du es dir beäugst.

Leisen Schrittes gehst du weiter,
Kopfsteinpflaster ziert den Weg
und am Ende dieser Straße
liegt wartend hier ein morscher Steg.

Er hat so manche Last getragen,
treu dem Bache stets gelauscht,
er trotzte oft dem Wind und Wetter,
auch wenn der Bach zum Fluss aufbauscht.

Von dem Duft der alten Zeit
ist nur der Traum von einst geblieben,
all' die Blumen und die Bäume,
sie durften sich im Wind nicht wiegen.

Neue Häuser, neue Formen,
die alte Stadt ward jäh ersetzt,
tief in der vertrauten Seele
hat die Neuzeit sie verletzt.

Schleichend sterben alte Künste,
mit dem Winde längst verweht,
nur wenn die Augen Bilder malen,
bleibt der Traum, der Stadt, die geht.

Petra Hammesfahr
DER BLINDE

Drei Tage nachdem ich Nadine als vermisst gemeldet hatte, kam die Polizei zu mir ins Haus. Es war grausam. Noch bevor sie irgendetwas gesagt hatten, wusste ich, sie hatten Nadine gefunden. Ich hatte mich in den drei Tagen immer wieder gefragt, wie ich mich verhalten sollte, wenn die Polizei käme. Ich hatte versucht, mich darauf einzustellen, auf das, was sie mir sagen würden, auf ihre Fragen, meine Antworten. Aber als sie dann tatsächlich vor der Tür standen, kam es mir so vor, als hätte ich in den vergangenen drei Tagen überhaupt nicht gelebt. Diese Leere im Innern, der eigene Tod kann auch nicht schlimmer sein.

Sie kamen zu zweit. Ein noch recht junger Beamter und ein älterer. Die Stimme des Jüngeren verriet Unsicherheit, auch seine Bewegungen machten rasch deutlich, dass er sich nicht wohl fühlte in seiner Haut. Der Sessel, in dem er Platz nahm, knarschte unentwegt, weil er nicht still darin sitzen konnte. Es war ein kaum wahrnehmbares Geräusch. Ich bin mir fast sicher, dass der Ältere es gar nicht registriert hat. Aber mir entgeht Derartiges nicht. Das heißt nicht, dass ich aufmerksamer bin als andere, ich habe einfach ein feineres Gehör. Das brauche ich auch.

Ich war sechs Jahre alt, als das Unglück geschah. Damals spielte ich zusammen mit ein paar Dorfkindern draußen beim Tannenwäldchen. Es war im Spätherbst, ich sehe das alles noch deutlich vor mir. Das Laub an den Büschen am Waldessaum hatte sich bereits verfärbt, die abgeernteten Felder waren ein Gemisch aus Braun und dem Gelb der zurückgebliebenen Stoppeln. Zwei größere Jungen und ein kleines Mädchen liefen über einen Kartoffelacker und sammelten die wenigen, noch verstreut liegenden Knollen auf. Der Bach, der dicht am Waldessaum vorbeifloss, führte nach ein paar Regentagen Hochwasser. Das Rauschen höre ich heute noch. Und Karl, der jüngste Sohn vom alten Schneider, schichtete an der Böschung Holz auf für ein Feuer.

Es war verboten, strikt verboten, und gerade deshalb von besonderem Reiz. Und es gab nichts Köstlicheres als die im offenen Feuer gerösteten und nur notdürftig von Dreck und Ruß befreiten Kartoffeln. Derartiges bekam ich daheim nicht geboten. Da wurde mir selbst ein kleiner Imbiss adrett auf einem Teller angerichtet serviert, vielleicht war ich nur deshalb meist ohne Appetit. Doch wenn ich mit den Dorfkindern spielte, dann lief mir allein bei dem Gedanken an die rußigen Kartoffeln und an die Sandkörner, die zwischen den Zähnen knirschen würden, das Wasser im Mund zusammen. Kinder brauchen das wohl, ihre Portion Dreck.

Das Feuer wollte nicht so recht, vermutlich war das Holz zu feucht. Und Karl Schneider, er war damals doppelt so alt wie ich, goss irgendeine Flüssigkeit darüber. Es war eine Sache von Sekunden. Ich stand zu dicht an dem Holzstapel, es gab eine Stichflamme, sie schoss mir direkt ins Gesicht. Und seitdem bin ich darauf angewiesen, zu hören, zu fühlen und zu zählen.

Das Zählen ist dabei fast wichtiger als alles andere. Es hilft mir, völlig sicher umherzugehen, jedenfalls dort, wo mir die Umgebung vertraut ist. Ich zähle die Schritte, seit mehr als dreißig Jahren zähle ich sie. Anfangs musste ich die Summe noch häufig berichtigen. Sieben Schritte vom Tisch bis zur Tür des Speisezimmers, später waren es nur noch fünf. Fünfundsechzig Schritte von der letzten Stufe der Freitreppe zur Einfahrt, heute sind es nur noch zweiundfünfzig.

Aber ich zähle nicht nur die Schritte. Wenn Nadine mich durch das Dorf fuhr, zählte ich ebenfalls. Und was hätte ich nicht alles dafür gegeben, einmal selbst ein Auto durch das Dorf zu steuern. Im Geist sah ich die Hauptstraße noch deutlich vor mir. Und ich wusste, sie war nicht mehr so, wie ich sie in Erinnerung hatte.

Ich ließ mir von Nadine beschreiben, was sie sah und was sie tat. All diese abstrakten Begriffe, verbunden mit Gefühlen und Geräuschen. „Jetzt nehme ich das Gas weg." Dann spürte ich, dass die Geschwindigkeit sich verringerte. „Jetzt schalte ich herunter in den zweiten Gang." Und es kam ein Rucken. „Jetzt bremse ich." Und etwas zog mich mit sanfter Gewalt nach vorne.

Nadine wusste, wie sehr mich das faszinierte. Ein paar Mal forderte sie mich auf, hinter dem Lenkrad Platz zu nehmen, während der Wagen noch vor der Freitreppe stand. Nadine war kleiner als ich, ein gutes Stück kleiner. Ich wusste nicht, wohin mit meinen Beinen, und sie lachte.

„Greif mit der linken Hand nach unten an den Sitz, Liebling" sagte sie. „Da ist ein Hebel mit Griffmulden für die Finger, fühlst du ihn?" Natürlich fühlte ich ihn, und Nadine sagte: „Zieh ihn hoch und drücke dich vorne mit den Füßen ab. So kannst du den Sitz nach hinten verschieben."

Dann ließ ich die Finger wandern. Und bei so vielen Dingen sagte Nadine: „Das nutzt dir nicht viel, Fred, das sind die Anzeigeinstrumente. Während der Fahrt sind sie alle in Betrieb, aber du kannst sie nicht ablesen. Das zum Beispiel ist der Tachometer, er zeigt an, wie schnell der Wagen fährt."

Wir fuhren nie sehr schnell. Ich brauchte keinen Tachometer, ich konnte die Geschwindigkeit fühlen. Manchmal drehte ich die Scheibe hinunter, legte die Fingerspitzen meiner linken Hand an das Lenkrad und hielt die rechte ins Freie. Zuerst lachte Nadine noch darüber, später fragte sie einmal: „Willst du es versuchen, Liebling? Ich bin neben dir und kann dir helfen."

Aber es waren noch Menschen im Dorf, der alte Schneider mit seiner Familie, zwei oder drei andere Höfe waren ebenfalls noch bewohnt. Ich hatte keine Angst vor dem Fahren, nur davor, einem Menschen damit zu schaden. Und Nadine sagte: „Vielleicht später einmal."

Nadine war so geduldig, so liebevoll und zärtlich, niemals wurde es ihr zu viel, mir jeden Handgriff zum zehnten Mal zu erläutern. Und jeden Tag die gleiche Strecke abzufahren. Sie selbst fuhr gar nicht so gerne, war immer ein wenig verkrampft, wie aus den zittrigen und stoßweise gehenden Atemzügen ersichtlich war.

Ich sage mit Absicht ersichtlich, weil mir solche Wahrnehmungen die Sicht ersetzen. Und ich möchte fast behaupten, auf meine Weise sehe ich bedeutend mehr als jeder, der mit zwei gesunden Augen seine Umgebung und seine Mitmenschen betrachtet. Ich sehe mit meinem gesamten Körper, mit den übriggebliebenen Sinnen, mit dem Gedächtnis. Und wer kann schon von sich behaupten, dass er den Winkel einer Kurve nur aus dem Gefühl des Körpers heraus abschätzen kann? Ich kann es. Ich war stolz darauf, und Nadine war begeistert. Vielleicht konnte ich es nur deshalb. Ich wollte ihr zeigen, dass ich ein Mann war, ein ganzer Mann und kein Krüppel. Ein Mann, der sein Leben trotz allem liebt. Und die Frau, die es mit ihm teilt!

Nadine war die erste Frau, die dazu bereit war. Wie habe ich sie geliebt! Mehr als man einem Menschen begreiflich machen kann. Und jetzt ist sie tot. Seit vier Tagen schon.

Die beiden Polizisten brauchten Minuten, ehe sie es aussprachen. Zuerst war nur von Nadines Wagen die Rede, den man beim Tannenwäldchen entdeckt hatte, dann von einer Frau. Es klang nach irgendeiner, es klang fast, als ob ich mir noch Hoffnung machen dürfe. Und es machte mich unvermittelt wütend, das Herumgerede, die bedächtige Ausdrucksweise des Älteren, das Knarschen des Sessels, in dem der Jüngere unbehaglich herumrutschte. Es fehlte nicht viel, und ich hätte sie angeschrien, mir dieses widerliche Theater zu ersparen. Ich musste alle Kraft zusammennehmen, um mich zu beherrschen.

Ich fragte, ob es irgendwelche Zweifel an der Identität gäbe und ob ich Nadine identifizieren solle. Ich fühlte, wie sie mich anstarrten, der Ältere musste sich räuspern, meine Frage beantwortete er vorerst nicht. Ich hätte Nadine identifizieren können, mit meinen Fingerspitzen hätte ich es gekonnt. Und ich hätte sie so gerne noch einmal berührt, wenn sie mich gelassen hätten. Aber sie lehnten das ab. Begannen mit ihren Fragen. In welchem Verhältnis ich zu Nadine gestanden hätte.

Es klang so nüchtern, aber irgendwie half mir das, die Beherrschung nicht zu verlieren. Ich wollte sie nicht verlieren, nicht vor zwei Polizisten, die sich keine Vorstellung von meinem Leben machen konnten. Von dem täglichen Kampf gegen Kleinigkeiten, von der Sehnsucht nach einer Frau, nach Liebe.

Offiziell galt Nadine als meine Wirtschafterin. Offiziell hatte sie sogar ein eigenes Zimmer im Haus bewohnt, aber im Grunde waren dort nur ihre persönlichen Dinge untergebracht. Von der ersten Nacht an hat sie neben mir gelegen. Ich hätte sie aus tausenden von Frauen herausgefühlt. Es gab ein paar unverwechselbare Merkmale. Eine winzige Erhebung neben ihrem linken Nasenflügel, wahrscheinlich ein Muttermal. Die eigenwillige Form ihrer Augenbrauen, ich hatte sie mehr als einmal mit meinen Fingerspitzen nachgezeichnet, jedes einzelne Härchen gespürt. Dann war da eine kleine, sternförmige Narbe auf ihrem rechten Oberschenkel, drei fingerbreit unter der Leistenbeuge. Und nicht zuletzt die Narbe am Hals, ziemlich frisch und wulstig.

Ich beschrieb ihnen diese Kennzeichen und bat noch einmal darum, dass sie mich zu ihr ließen, nur dieses allerletzte Mal. Sie mussten doch verstehen, was es für mich bedeutete, Abschied zu nehmen von der Frau, bei der ich ein Mann hatte sein können, ein vollwertiger Mann. Jedem wird dieses Recht zugestanden. Mir nicht! In ihren Augen war ich ein Krüppel, brauchte vielleicht Schonung, was weiß ich.

Der Jüngere rutschte heftig im Sessel herum. Der Ältere hatte sich nicht hingesetzt, er war beim Fenster stehengeblieben, schaute vermutlich hinaus, seine Stimme klang danach, dass er sich von mir abgewandt hatte. Er erklärte mir, er würde meiner Bitte gerne entsprechen, aber es sei unmöglich. Die Frau, die der alte Schneider gestern Abend gefunden habe, habe im Bach gelegen, seit mindestens drei Tagen.

Und es war wieder einmal Spätherbst, es hatte viel geregnet in den letzten Tagen und Wochen. Der Bach führte Hochwasser. Der Polizist erwähnte noch etwas von der milden Witterung. Ich wusste nicht gleich, was er damit ausdrücken wollte, und er mochte nicht deutlicher werden. Nach einer Weile begriff ich dann, was er meinte. Es war wohl so, dass ich Nadine gar nicht mehr hätte erkennen können. Von der Weichheit und Festigkeit ihrer Haut schien nicht mehr viel übrig nach drei Tagen im Wasser. Ich hätte weinen mögen bei der Vorstellung. Ich spürte, wie es in die Kehle und die Nase aufstieg, aber ich beherrschte mich, wollte vor ihnen nicht dastehen wie ein Schwächling.

Der ältere Polizist bemerkte anscheinend, dass ich um Fassung rang. Er versuchte, mich abzulenken, fragte nach einer Fotografie. Danach hatte auch der Beamte gefragt, der meine Vermisstenmeldung drei Tage zuvor entgegengenommen hatte. Ich besaß keine. Was hätte ich denn mit einer Fotografie anfangen sollen, das Papier streicheln, die glatte Oberfläche betasten?

Dann stellte er weitere Fragen. Wann genau Nadine mein Haus verlassen habe, welches Ziel sie gehabt und ob sie vielleicht etwas Besonderes mitgenommen habe. Ich sagte ihm, Nadine habe vor vier Tagen in die Stadt fahren wollen, um ein paar Einkäufe zu machen. Sie habe mich noch gefragt, ob ich sie begleiten möchte, wo ich sie doch so gerne begleitete. Aber an dem bewussten Nachmittag wartete ich auf einen Anruf meines Anwalts, der mir in einer fast aussichtslos erscheinenden Sache zur Seite stand.

Seit zwei Jahren werde ich nun gedrängt, mein Land, einschließlich des Stücks beim Bach, dem Tannenwäldchen, mit dem sich für mich so viele Erinnerungen verknüpfen, zu verkaufen. Sogar mit Enteignung hat man mir schon gedroht. Sie spekulieren auch auf mein Haus, ich weiß das. Ich bin der letzte im Dorf. Alle haben sie vor der Grube kapituliert, ihren Besitz aufgegeben, sich eine neue Heimat zuweisen lassen. Wie oft hat mich Nadine bei unseren Fahrten hinaus zum Tannenwäldchen auf die Möbelwagen aufmerksam gemacht. Ein Haus nach dem anderen wurde aufgegeben. Vor sechs Wochen zog auch der alte Schneider mit seiner Familie fort. Da war ein wenig Unbehagen in Nadines Stimme gewesen, als sie sagte: „Jetzt sind wir ganz alleine hier, Fred."

Ganz allein! Sie fürchtete sich, ich wusste das. Das sterbende Dorf war ihr unheimlich. Weit und breit kein Mensch mehr, der einen Hilfeschrei gehört hätte. Arme Nadine, es war ihre Vergangenheit, die wie mit Bleigewichten an ihrem Hals hing. Einmal fragte sie mich sogar, ob ich mit einer Waffe umgehen könne. Es gab noch etliche Waffen im Haus, die Jagdgewehre meines Vaters, auch zwei Pistolen. Ich konnte sie reinigen, ich konnte sie laden, ich konnte sie sogar abschießen. Nur treffen konnte ich natürlich nicht damit. Aber einmal tat ich Nadine gegenüber so, als könne ich auch das.

Es war ein simpler Trick. Ich hatte ihn so oft mit Karl Schneider geübt, und ich dachte, es würde Nadine ein wenig beruhigen, wenn ich ihn ihr vorführte. Ich nahm eines der Gewehre, wir gingen in den Garten. Ich wusste genau, wie weit ich zu gehen hatte, wie ich das Gewehr halten und in welche Richtung und welche Höhe ich den Lauf drehen musste.

Es gab da eine Vogelscheuche, sie stand seit Jahr und Tag am gleichen Fleck, bekam in jedem Frühjahr einen neuen Hut aufgesetzt und eine neue Jacke umgehängt. Ich sagte zu Nadine, sie möge an der Jacke rascheln und sich dann sofort auf den Boden werfen. Als ich hörte, dass sie sicher lag, schoss ich ein Loch in den Hut.

Der ältere Polizist sprach wieder. Ob mir vielleicht sonst etwas aufgefallen sei? Ob es möglich sei, dass Nadine von ihren Einkäufen zurückkam, ohne dass ich etwas davon bemerkte, dass sie das Haus erst spät am Abend wieder verließ. Es gab nämlich einen Zeugen, der Nadines Wagen an dem bewussten Tag auf der Hauptstraße hatte an sich vorbeifahren sehen, am späten Abend. Und dieser Zeuge schwor Stein und Bein, Nadine sei nicht allein gewesen. Am Steuer habe ein Mann gesessen. Dafür sprach auch die Position des Fahrersitzes. Es müsse ein großer Mann gewesen sein, sagte der Polizist.

Ein großer Mann! Ich fühlte, wie mir das Blut in den Kopf stieg, konnte kaum noch atmen. Warum sprach er denn nicht weiter? Worauf wartete er? Mit dem Rauschen von Blut in den Ohren konnte ich nicht hören, ob er sich bewegte. Starrte er mich an? Wahrscheinlich tat er das. Ein paar Sekunden lang. Dann nannte er den Namen des Zeugen, Karl Schneider. Karl war anscheinend an dem Tag noch spät auf dem verlassenen Hof gewesen, um etwas aus der Scheune zu holen, um etwas nachzusehen. Ich weiß es nicht.

Der Polizist erklärte es, aber ich verstand nur noch, dass Karl wegen der Dunkelheit keine genaue Beschreibung des Mannes abgeben konnte. Und ich dachte an Nadines Angst, an den erstaunten und erschreckten Ausruf, als ich ein Loch in den Hut der Vogelscheuche schoss und wie sie dann an meinem Hals hing. „Fred, Liebling, das ist ja phantastisch. Du würdest ihn erschießen können, nicht wahr? Du würdest ihn töten können, wenn er hierher käme?"

Ich hatte genickt, einen Arm um sie gelegt, ihr Zittern gespürt. Ich hatte gesagt: „Ja, das könnte ich. Ich müsste ihn nur hören, wenn er sich bewegt. Und ich würde es tun. Aber ich glaube nicht, dass er hierher kommt."

ER! Ein Monstrum, ein Verbrecher, ein gewissenloses und grausames Subjekt. Er war gekommen, und ich hatte ihn nicht bemerkt.

Es war mir plötzlich alles zu viel. Ich wünschte, die Polizisten wären gegangen und hätten mich in Ruhe gelassen. Mir ging alles durcheinander im Kopf. In der einen Sekunde dachte ich an Nadine, hörte ihre Stimme, die Atemlosigkeit darin, in der nächsten dachte ich daran, dass ich Karl würde anrufen müssen, dass er seine Frau in der nächsten Zeit schicken musste, solange jedenfalls, bis ich wusste, wie es weiterging. Bevor ich Nadine bei mir aufnahm, war Karls Frau dreimal in der Woche gekommen, um die gröbsten Arbeiten und die Einkäufe für mich zu erledigen.

Der Polizist sprach sein Bedauern aus, weil er mir die Einzelheiten nicht ersparen konnte. Die Frau im Bach, sagte er, sei erdrosselt worden, sie habe, als der alte Schneider sie fand, noch einen Seidenschal um den Hals gehabt. Und ob Nadine einen solchen Schal besessen habe, einen blauen Schal.

Blau. An die Farben erinnere ich mich noch, sie sind nicht einmal verblasst mit den Jahren. Der blaue Himmel in einem Bilderbuch, die sattgelbe Sonne, das Gras so grün, wie es in Wirklichkeit nirgendwo war, damals nicht, daran wird sich kaum etwas geändert haben. Ein blauer Schal aus Seide. Ich hatte ihn nur drei Monate zuvor für

Nadine gekauft. Er gefiel ihr, und er passe so gut zu ihren Augen, sagte sie.

Blaue Augen. Man kann die Farbe der Augen nicht ertasten, niemand kann das. Karl hat mir gesagt, dass Nadines Augen blau waren, ein sehr dunkles Blau, sagte er damals, als er sie mir beschrieb. Damals, so lange ist es noch gar nicht her, aber man gewöhnt sich so rasch an einen Menschen, an die Zärtlichkeit, an die Hingabe, an die Liebe, dass ein paar Monate wie eine Ewigkeit erscheinen.

Karl fuhr mich lange Jahre regelmäßig in die Stadt, einmal in der Woche, meist am Samstagabend. Er brachte mich in eine Bar, manchmal blieb er bei mir. Wir tranken ein oder zwei Gläser zusammen, unterhielten uns über vergangene Zeiten, über das sterbende Dorf und die Unbarmherzigkeit, mit der die Grube das Land vernichtete. Über meinen Widerstand, den Karl sehr gut verstand.

Und während er sprach, schaute Karl sich um. Er suchte für mich aus. In all den Jahren hat er sich schuldig gefühlt, weil er es war, der damals die Flüssigkeit ins Feuer goss, ich weiß das. Wir haben nie darüber gesprochen, aber Karl zahlte seine Schuld mit diesen Samstagabenden ab. Ein Mädchen für eine Nacht. Es war nie leicht, eines zu finden. Nicht, dass ich besonders hohe Ansprüche gestellt hätte. Aber die Stichflamme damals hat schlimme Narben in meinem Gesicht hinterlassen.

Ich hatte mich damit abgefunden, dass ich nie eine Frau finden würde, die bereit war, bei mir zu bleiben, dass ich für die Nächte und die Zärtlichkeiten zahlen musste. Bei manchen Frauen spürte ich so überdeutlich die Scheu, mich zu berühren, dass ich sie gar nicht erst mit heimnahm.

Nadine war anders, vom ersten Augenblick an ganz anders. Sie sei wunderschön, sagte Karl. Und für mich ist Schönheit, speziell die Schönheit einer Frau, immer noch vergleichbar mit dieser Seite im Bilderbuch. Der blaue

Himmel, die sattgelbe Sonne. Und im grünen Gras eine wunderschöne Fee, die einem kleinen Jungen drei Wünsche erfüllt.

So habe ich Nadine gesehen, meine Fee, manchmal nannte ich sie auch so. Ihr Haar war lang und weich. Ich liebte es, ihr Haar durch meine Finger gleiten zu lassen. Und ihr Körper ... Sie sagte einmal, dass sie so viel Zartheit noch bei keinem Mann gefunden habe. Und ich erklärte ihr, dass ich mir nur durch dieses sanfte Tasten eine Vorstellung verschaffen könne.

Für die erste Nacht habe ich sie bezahlt. Es schockierte die Polizisten offenbar, das zu hören. Aber sie mussten es doch wissen. Nadines Vergangenheit ist der Schlüssel zu ihrem Tod. Sie mussten auch wissen, wie sehr ich Nadine geliebt hatte.

Und ich ging davon aus, dass sie mich liebte, als sie nach der zweiten Nacht das Geld auf dem Tisch liegen ließ. Sie sagte mir nicht einmal, dass sie es nicht genommen hatte. Karls Frau machte mich darauf aufmerksam, als sie tags darauf zum Saubermachen erschien.

Es war ein Risiko für Nadine, ein großes Risiko sogar, mein Geld nicht zu nehmen. Sie war nicht so frei in ihren Entscheidungen, wie sie es gerne gewesen wäre. Mehrfach wurde sie böse verprügelt, weil sie mit leeren Händen kam. Und einmal trug sie diese schlimme Verletzung am Hals davon.

ER! Es fühlte sich an, als habe er versucht, ihr die Kehle durchzuschneiden. Dabei nannte er sich selbst ihren Beschützer. Das war er nie, er war nur ein kleiner, mieser Zuhälter. Als ich diesen Ausdruck den beiden Polizisten gegenüber gebrauchte, konnte ich ihre Zustimmung fühlen. Ein kleiner, mieser Zuhälter, ein Mann, der vor nichts zurückschreckt.

Nadine war ein Callgirl gewesen, bevor sie zu mir kam. Aber ich möchte nicht wissen, wie viele junge Mädchen auf die Versprechungen dieser Sorte von Beschützer hereinfallen und im Sumpf aufwachen, aus dem sie sich aus eigener Kraft nicht mehr befreien können.

Aus eigener Kraft nicht, das war auch Nadine durchaus klar. „Ich bin nicht so stark wie du, Fred", sagte sie zu Anfang einmal. „Ich habe Angst vor Schmerzen. Ich weiß genau, wenn er mich wieder schlägt, tue ich auch wieder, was er von mir verlangt."

Einen Namen. Für die Polizei sind Namen immer so wichtig. Ich kenne seinen Namen nicht. Nadine hat ihn nie erwähnt. Sie sprach immer nur von ihm und von ihrer Angst vor ihm. Ich kannte sie seit sechs Wochen, als ich ihr den Vorschlag machte, zu mir zu ziehen. Sie lag neben mir auf dem Bett, und sekundenlang vergaß sie, zu atmen. Dann warf sie sich herum, erstickte mich fast mit ihren Küssen.

Sie weinte dabei, schluchzte verhalten: „Du meinst das ganz ernst, nicht wahr? Es stört dich nicht, wie ich bisher gelebt habe. Ich würde so gerne für immer bei dir sein."

Sie wollte mit ihm reden, gleich am nächsten Tag, sagte sie. Doch bei ihrem nächsten Besuch wirkte sie so bedrückt, sie hatte einfach den Mut nicht aufgebracht.

„Dann lass es" sagte ich. „Du bist ihm gegenüber zu nichts verpflichtet."

Aber Nadine erklärte mir, dass es in diesen Kreisen üblich sei, eine Frau wie eine Ware zu sehen. Und Waren verkauft man. Wenn ich bereit gewesen wäre, eine Art Ablösesumme für sie zu zahlen...

Nun gut, ich bin nicht arm. Ich habe von meinem Vater ein stattliches Vermögen geerbt, und ich hatte zu dem Zeitpunkt, als von dieser Summe die Rede war, bereits einen Großteil des Landes hinter dem Tannenwäldchen verkauft, Futter für die Bagger. Ich hätte es mir leisten können, und vielleicht hätte ich zahlen sollen, allein schon, um Nadine die Furcht zu nehmen. Aber ich wollte doch keine

Sklavin kaufen, ich wollte eine Frau, die bei mir war, weil sie mich liebte.

Die beiden Polizisten verstanden meine Beweggründe. Der Jüngere murmelte etwas, der Ältere sprach offen aus, was er dachte: „Halten Sie es für möglich, dass Ihre Weigerung der Grund für einen Racheakt gewesen sein könnte?"

Ob ich es für möglich halte? Ich halte es nicht nur für möglich, ich weiß es. Heute weiß ich es, aber ich weiß es noch nicht lange. Ich hatte bis dahin nie mit solchen Leuten zu tun gehabt. Ich hatte keine Vorstellung, wie sie reagieren und wozu sie fähig sind. Wenn es um Geld geht, sind sie wie Wölfe, die ein Stück Fleisch riechen. Sie können nicht eher Ruhe geben, bis sie das ganze Stück verschlungen haben. Ich muss die Zeit mit Nadine unterteilen in die Stunden der Leidenschaft und die Stunden der Wölfe.

Die Stunden der Leidenschaft ... Sie war eine hinreißende Geliebte, sanft und unersättlich, mit einem untrüglichen Gespür für meine Wünsche und Stimmungen. Mal war sie schüchtern zurückhaltend, ließ sich in endlos langem Spiel erobern und besiegen. Dann wieder war sie fordernd, wandte ohne falsche Scheu all die Tricks und Finessen an, die ihr Vorleben sie gelehrt hatte. Sie liebte es, wenn ich ihr am Morgen nach solch einer Nacht das Frühstück ans Bett brachte, wunderte sich immer von neuem darüber, dass ich ohne jede Hilfe zurechtkam.

„Wenn man sieht, wie du dich bewegst" sagte sie „kann man nicht glauben, dass du blind bist."

In den ersten Wochen erstaunte es sie immer wieder, dass ich mich auch außerhalb des Hauses nicht mit Hilfe eines Stockes vorwärts tasten musste, dass ich es sogar ablehnte, mich von einem Hund führen zu lassen. Mehr als einmal erzählte ich ihr, wie ich mich von frühster Jugend an mit dem Boden vertraut gemacht hatte.

Von der Haustür ab drei Schritte bis zur ersten Stufe der Freitreppe. Acht Stufen hinunter und die Schritte bis zur Einfahrt, dann ein wenig rechts, nur eine leichte Drehung, ein stumpfer Winkel von etwa dreißig Grad und achthundertzwanzig Schritte bis zu Schneiders Hof, immer geradeaus die Hauptstraße hinunter.

Oder meine Spaziergänge, die holperigen Wege unter den Schuhsohlen, das automatische Zählen jedes Schrittes. Wir gingen in den ersten Wochen oft gemeinsam die Wege ab. Und ich war es, der Nadine führte. Ich legte den Arm um ihre Schultern, beschwor die Erinnerung herauf. Immer beginnend mit dem Satz: „Ich weiß nicht, wie es heute aussieht, aber damals ..."

Und sie erklärte mir, was sich verändert hatte, viel war es noch nicht. Erst weit hinter dem Tannenwäldchen begann die Zerstörung. Wie eine Wüste aus Staub, sagte Nadine, ein Loch, ein riesiges Loch in der Erde. Dann war ich sogar dankbar, dass ich es nicht sehen konnte.

Wenn der Wind günstig stand, hörten wir nachts den Bagger, und jedes Mal sagte Nadine: „Ich kann verstehen, dass du nicht aufgibst."

Jetzt werde ich wohl verkaufen und weggehen. Ich weiß nicht, ob ich es noch einmal ertragen könnte, die Wege entlangzugehen und mich zu erinnern. Wie es war, mit dem Arm um ihre Schultern. Und da draußen auf der Decke am Waldessaum, nicht zu dicht an der Böschung und doch nahe an der Stelle, an der Karl vor langen Jahren eine Flüssigkeit auf ein Feuer goss, das nicht brennen wollte.

Da habe ich sie oft geliebt, und dann war ich es, der eine Flüssigkeit auf ein Feuer goss, und Nadine war die Flamme, die mich versengte. Aber das konnte ich den beiden Polizisten nicht sagen. Und die Stunden der Wölfe ...

Ich hatte mich zu sicher gefühlt. Nadine war zu mir gekommen mit zwei Koffern und ihrem kleinen Wagen, mit einem Seufzer der Erleichterung, der Befreiung vielleicht, und nichts war geschehen. Wochenlang geschah nichts.

Wir machten unsere Spaziergänge, fuhren mit ihrem Wagen durch das schon fast völlig verlassene Dorf, zählten die letzten, noch bewohnten Häuser. Wir fuhren in die Stadt, machten Einkäufe. Wir fuhren zur Bank, in den ersten Wochen mit Nadine war ich öfter in der Bank als vorher in einem Jahr. Bis dahin hatte Karl das für mich erledigt. Jetzt brauchte ich ihn nicht mehr.

Es machte Spaß, Geld abzuheben und diese Papierfetzen gegen Nadines Freudenseufzer einzutauschen. Kleider, Röcke, Schuhe, Taschen und immer wieder die kleinen Wermutstropfen in ihrem Jubel. „O, Fred, dieses Kleid ist ein Gedicht, wenn du es nur einmal sehen könntest."

Ich konnte es spüren, das reichte mir. Ich konnte fühlen, wie sich der Stoff an ihren Körper schmiegte, wie ein Strumpf ihr Bein umschloss, die glatte Haut noch glatter und so seidig machte. Wie ein Rock ihre Hüften betonte oder der Spitzeneinsatz einer Bluse ihre Brüste.

Und dann, am Freitag in der letzten Augustwoche, kamen wir von solch einem Einkaufsbummel zurück. Nadine verschloss noch den Wagen, ich ging bereits mit einigen Päckchen und Tüten in der Hand die Freitreppe hinauf, öffnete die Haustür, trat ein. Zehn Schritte durch die Diele, geradeaus auf die Tür zum Wohnraum zu. Die Tür stand offen, sie stand immer offen. Und ich wusste noch, dass man, wenn man das Haus gerade betreten hatte, durch diese offene Tür hinaus auf die Terrasse sehen konnte und weiter über das Land.

Früher hatte ich oft die Traktoren auf den Feldern gehört. Jetzt war da ein anderes Geräusch, das Knarschen des Sessels. Es war jemand im Wohnraum. Hätte er sich nicht in dem Augenblick bewegt, als ich die offene Tür erreichte, hätte ich seine Anwesenheit vielleicht nicht bemerkt. Hinter mir kam Nadine ins Haus, schloss die Tür. Das Klappern ihrer Absätze auf dem Steinboden der Diele übertönte jeden verräterischen Atemzug.

Für einen Augenblick war ich ganz lahm. Statt mich herumzuwerfen, Nadine mitzureißen und vor jeder Gefahr zu schützen, wartete ich nur auf einen erstaunten Ausruf, auf Irgendetwas, mit dem Nadine mir verriet, wer auf uns wartete. Aber nichts dergleichen. Sie kam zu mir, ganz unbefangen, die Stimme ebenso leicht wie ihre Schritte. „Gib mir die Sachen, ich bringe sie gleich nach oben, Liebling."

Ihre Hände griffen nach den Päckchen und Tüten, sie hauchte mir einen Kuss auf die Wange. „Kümmerst du dich um das Essen?" Dann ging sie zur Treppe. Das Klappern der Absätze ging in ein dumpfes Pochen über, als sie die hölzernen Stufen hinaufschritt. Ich versuchte mir einzureden, dass ich mich getäuscht hätte, und ging hinüber zur Küche. Aber das Gefühl im Rücken werde ich nie im Leben vergessen. Sämtliche Muskeln zogen sich zusammen, die Härchen im Nacken richteten sich auf, ich wartete förmlich auf einen Schlag oder einen Stoß.

Als Nadine wenig später in die Küche kam, hatte ich den Tisch gedeckt und zwischen den Geräuschen, die ich dabei zwangsläufig verursachte, unentwegt in die Diele gehorcht. Aber da war nichts, absolut nichts. Trotzdem, den ganzen Abend war ich unruhig. Das Geräusch war eine Tatsache gewesen, die ich nicht leugnen und mir nicht erklären konnte.

Erst als ich jetzt zu den Polizisten darüber sprach, als der Jüngere sich im Sessel erneut bewegte und ich gleich darauf das leichte Vorbeistreifen von Stoff an Mauerwerk hörte, da begriff ich, warum Nadine nicht reagiert hatte. Sie hatte niemanden gesehen, der Sessel stand dicht bei einem Wandvorsprung. Das Knarschen war entstanden, als der Mann im Sessel sich erhob und einen Schritt zur Seite hinter den Mauervorsprung trat. Ich hatte mich nicht getäuscht. Wir waren an dem Abend, vermutlich auch noch in der folgenden Nacht nicht alleine im Haus gewesen.

In dieser einen Nacht war ich aufmerksamer als sonst,

ich schlief kaum, lauschte unentwegt in die Dunkelheit und hörte doch nichts weiter als Nadines Atemzüge. Und am nächsten Morgen beruhigte ich mich endgültig, war so fest von meinem Irrtum überzeugt, dass ich jede Vorsicht vergaß. Es muss nach dieser ersten noch ein Dutzend weiterer Nächte gegeben haben, in denen sich ein ungebetener Gast in den Räumen herumtrieb.

Spielt es noch eine Rolle, wie er hereingekommen ist? Manchmal stand wohl ein Fenster offen, aber diese Sorte Mensch wird auch von verschlossenen Türen nicht aufgehalten. Er hat uns belauscht, vielleicht sogar beobachtet, wie ich Nadine liebte. Der Gedanke, dass er bei der offenen Tür stehen und zum Bett hinsehen konnte, ohne dass ich seine Anwesenheit auch nur ahnte, macht mich rasend.

Ich hatte mich geweigert, ihm die Frau abzukaufen, die ich liebte. Er holte sich den Lohn auf seine Weise. Wie hätte ich es bemerken sollen? Ich taste mich nicht an den Wänden entlang, wenn ich durch das Haus gehe. Und es gibt so viele Räume, die seit dem Tod meiner Eltern gar nicht mehr genutzt werden. Sie sind nicht verschlossen, das waren sie nie. Karls Frau hielt sie lange Jahre sauber. Sie hätte mich aufmerksam machen können, dass im Haus etwas nicht mit rechten Dingen zuging. Aber sie kam ja nicht mehr, seit Nadine bei mir war.

Und wir beschränkten uns auf die Räume im Erdgeschoß, das Speisezimmer, den Wohnraum, die Küche. Im ersten Stock benutzten wir nur mein Schlafzimmer, das Bad und den Raum, in dessen Schränken Nadine ihre Habseligkeiten eingeräumt hatte. Und da war das Zimmer meiner Mutter am Ende des Ganges. Ein paar kostbare Teppiche auf dem Boden, ein paar Bilder an den Wänden und die Schatulle nicht zu vergessen, in der meine Mutter ihren Schmuck aufbewahrt hatte.

Manchmal schreckte mich nachts ein Knarren aus dem Schlaf, und immer dachte ich, es ist das Holz oder der

Wind. Er muss auf Gummisohlen geschlichen sein. Vielleicht hat er auch die Zeit genutzt, in der wir Spaziergänge machten. Ich möchte nicht wissen, wie oft er mit einem Wagen vorgefahren ist und größere Stücke verladen hat, während wir in Nadines Wagen umherfuhren. Während sie das Steuer in den verkrampften Händen hielt, während ich zählte.

Achtzehn, vom Anlassen des Motors bis zur Straße, langsames Rollen. Dann ein Dreh nach rechts auf die Straße. Achtunddreißig bis zur ersten Kurve, nur ein sanfter Bogen, und neunundsechzig bis zum Ortsrand. Das Dorf ist nie sehr groß gewesen. Der Bogen nach links etwas schärfer. Fünfundsiebzig bis zum Ticken des Blinkers. Außer uns war niemand unterwegs, aber Nadine setzte den Blinker aus Gewohnheit, ehe sie von der Straße in den holperigen Weg einbog, der zum Tannenwäldchen führte. Dort stellten wir den Wagen ab, gingen am Waldessaum entlang bis zur Böschung. Sie fällt steil ab, wie tief, das weiß ich nicht mehr. Im Sommer ist sie tiefer als im Herbst, wenn der Bach nach endlosen Regenfällen ansteigt.

Und während Nadine die Decke im Gras ausbreitete, nahm er vielleicht die Mäntel meiner Mutter aus dem Schrank. Und während ich den leichten Stoff ihres Kleides verschob, darunter das feste, warme Fleisch ihrer Schenkel fühlte, trug er vielleicht ein kostbares altes Möbelstück die Treppen hinunter. Aber was immer er mir auch weggenommen hat, es reichte ihm noch nicht.

Die beiden Polizisten blieben fast den ganzen Nachmittag. Sie schauten sich im Haus um, ließen sich erklären, wie die einzelnen Räumen früher möbliert gewesen waren, welche Teppiche auf den Böden gelegen, welche Bilder an den Wänden gehangen hatten.

Bevor sie gingen, legte der Ältere mir eine Hand auf die Schulter. Er tat es nur zögernd, wie ein Mensch, der nicht ganz sicher ist, ob sein Gegenüber derartige Berührungen mag. Dann sagte er, dass man in Nadines Wagen einige Gegenstände gefunden habe. Eine kleine Kassette mit Bargeld und ein paar Schmuckstücken, die Pistolen aus dem Waffenschrank meines Vaters, zwei kleine orientalische Brücken und den chinesischen Seidenteppich, der über dem Bett meiner Mutter an der Wand gehangen hatte. Er vermutete, dass Nadine sich damit habe freikaufen wollen. Dass ihr Mörder jedoch nur noch seine ganz persönliche Rache wollte. Nadines Beweggründe kann ich nicht nachvollziehen, doch was ihren Mörder betrifft, konnte ich dem Polizisten nur zustimmen.

Seit die Polizisten fort sind, sitze ich hier. Ich bin ganz hohl im Innern und randvoll mit Erinnerungen. Es ist alles noch so frisch. Unser letzter Tag, die letzten Stunden mit Nadine, von denen ich nicht einmal ahnte, dass es die letzten waren. Unser Frühstück am Morgen. Kurz nach Mittag machte ich einen Spaziergang. Den ganzen Vormittag über hatte es geregnet, doch gegen Mittag wurde die Luft klar. Nadine wollte mich nicht begleiten, sprach davon, noch ein wenig Ordnung im Haus zu machen, fragte mich, wie lange ich wegbleiben wollte, und versprach, bei meiner Rückkehr sei der Kaffee fertig.

Unser Kaffee am Nachmittag, diese Stunde mit ihr im Wohnraum, in der sie mir regelmäßig die Post vorlas. Zwei, drei Briefe pro Tag, meist nur Werbeschriften, in denen eine besondere Weinsorte oder sonst etwas angeboten wurde, hin und wieder ein Schreiben meines Anwalts, manchmal ein Brief von der Bank, Kontoauszüge und dergleichen.

Und dann kam ich zurück, früher als vereinbart. Ohne besonderen Grund, vielleicht nur, weil mir die Luft doch ein wenig zu feucht gewesen war. Ich kam nicht über die Straße zurück, nicht die Einfahrt hinauf, nicht durch die Haustür, wo sie mich gehört hätte. Auch ohne besonderen Grund. Ich kam durch den Garten, über die Terrasse.

Über Mittag hatte ich selbst die Terrassentür geöffnet. Ich wusste nicht, ob Nadine sie inzwischen wieder geschlossen hatte. Ich streckte die Hand aus. Und ich hörte sie reden. Eine Antwort hörte ich nicht, sie telefonierte nur.

Ihre Stimme klang ein wenig gehetzt. Sie sagte, dass sie gepackt habe und gleich losfahren wolle. Die Koffer seien bereits im Wagen. Sie sprach von ihrer Furcht und ihrem Ekel. Und dass sie es keinen Tag länger ertragen könne, wie ein Stück Vieh betastet zu werden und dabei in diese Fratze zu sehen. Natürlich sei noch eine Menge zu holen, aber gefahrlos kein Pfennig mehr. Man dürfe mich nicht unterschätzen. Sie jedenfalls möchte nicht in der Nähe sein, wenn ein Anruf von der Bank käme. Und damit sei jetzt jeden Tag zu rechnen. Am Morgen sei wieder ein Brief von der Bank in der Post gewesen. Aber mit Briefen würden die es nicht mehr lange bewenden lassen, wenn keiner davon beantwortet wurde.

Meine Hand war nicht gegen die geschlossene Tür gestoßen, und ich ging langsam näher auf ihre Stimme zu. Fünf Schritte bis zum Tisch, der Bogen um den Sessel, weiter zur Tür, die in die Diele führt. Das Telefon steht in der Diele. Ich wusste nicht, ob Nadine mit dem Rücken zum Wohnraum stand. Wenn nicht, würde sie mich sehen. Ich weiß nicht genau, was in mir vorging, es war so unwirklich wie ein Alptraum.

Ihre Stimme klang anders, ganz hart und gewöhnlich. Einmal lachte sie kurz auf, ein ordinärer Ton. Aber sie stand mit dem Rücken zu mir. Trug bereits den Mantel. Und den blauen Seidenschal um den Hals. Sie legte ihn immer nur lose um, so dass ich ihn an beiden Enden greifen und zuziehen konnte. Ich wartete damit noch, bis sie den Hörer auflegte.

Sie schrie, nicht sehr lange und nicht sehr laut. Dann kam ein Röcheln, und dann legte sich ihr gesamtes Körpergewicht in die Enden des Schals. Und als ich sie losließ, folgte ein Poltern. Es war in dem Augenblick, als wäre ich selbst mit ihr gestorben. Ich sah diese Bilderbuchseite vor mir, die wunderschöne Fee, die einem kleinen Jungen drei Wünsche erfüllte. Und die Erfüllung meiner Wünsche lag da zu meinen Füßen, ich war so glücklich gewesen mit ihr.

Zuerst wusste ich nicht, was ich tun sollte. Ich dachte nur daran, dass ich nicht noch mehr verlieren wollte. Dass ich über lange Monate hinweg getäuscht worden war, belogen, betrogen, ausgenommen wie eine Weihnachtsgans. Ich fragte mich, wie oft sie ihm wohl zugeblinzelt hatte, wenn er bei der Tür stand und uns beobachtete. Ich erinnerte mich plötzlich auch an ihre sonderbare Gewohnheit, meinen Kopf so mit den Händen zu umfassen, dass meine Ohren bedeckt waren, während sie mich küsste.

Und dann dachte ich an meinen Traum, an diesen unerfüllbar scheinenden Wunsch, einmal, nur ein einziges Mal ihren kleinen Wagen zu steuern. Was mir danach noch durch den Kopf ging, war nur ein Bündel von Zahlen und die Bewegungen, die mein Körper bei jeder Fahrt registriert hatte. Wenn ich geahnt hätte, dass Karl im Dorf war... Wie leicht hätte ich ihn überfahren können?

Den Wagenschlüssel fand ich in Nadines Manteltasche. Ich zog mir den Ledermantel an, um in ihrem Wagen keine Spuren am falschen Platz zu hinterlassen. Faserspuren, ich hatte schon gehört, wie verräterisch sie sein können. Das klingt vielleicht, als wäre ich ganz kalt und nüchtern vorgegangen, aber so war es nicht. Es war eher so, dass ein Teil von mir gar nicht registrierte, was der andere tat.

Ich zog mir Handschuhe über und wischte den Schlüssel sorgfältig ab, ehe ich den Wagen öffnete. Die Koffer, von denen sie am Telefon gesprochen hatte, fand ich im Wagenfond. Ich lud sie aus, trug sie zurück ins Haus und setzte anschließend Nadine auf den Sitz, der immer mein Platz gewesen war. Den Kofferraum habe ich nicht kontrolliert.

Ein Fehler. Als der Polizist von den Gegenständen sprach, wurde mir ganz heiß. Aber sie hatten sich ihre Version bereits zurechtgelegt, und an meiner zweifelten sie nicht. Wie sollten sie auch? Selbst wenn Karl ihnen eine Beschreibung des Fahrers gegeben hätte, sie hätten ihm doch nicht glauben können.

Ich wartete noch, bis ich sicher sein konnte, dass es dunkel genug war. Dann drehte ich den Zündschlüssel und begann zu zählen. Achtzehn, vom Anlassen des Motors bis zur Straße, langsames Rollen. Dann ein Dreh nach rechts auf die Straße. Achtunddreißig bis zur ersten Kurve, nur ein sanfter Bogen, und neunundsechzig bis zum Ortsrand. Der Bogen nach links etwas schärfer. Fünfundsiebzig ehe das Holpern begann. Am Waldessaum brachte ich den Wagen zum Stehen.

Ich will nicht behaupten, es sei ein Kinderspiel gewesen oder ein Spaziergang. Ich will auch die schweißfeuchten Hände in den Handschuhen nicht verschweigen. Es war ein elendes Gefühl, hinter dem Steuer zu sitzen, das Brummen des Motors zu hören und keinen Atem neben mir, das Rollen des Wagens zu fühlen, Nadines Nähe und die Dunkelheit, in der ich lebe. Sie war an dem Abend dunkler als jemals zuvor. Und seitdem ist sie so geblieben.

Knarzen der Dielen,
sie biegen unterm Gewicht.
Der Makler wartet.

Thomas Opfermann

Johann Seidl
ANTENNENHAAR

Scharfe Winkel
rotgeharnischter Giebel
Häusermeer
Wind wirft sich hindurch
und kämmt das schweigende Antennenhaar

kein Blatt zu wehen
Ast zu brechen

Einsam
wirft sich der Wind
Backstein an Backstein

Hille Kamplade

SCHÖNHEIT

abbröckelnd
der Stuck
Schönheit des Morbiden
wirkt irreal auf mich
Industriebrache

dunkelgrün
das Moos
bewächst den Betonboden
Eine Machtübernahme der Natur?
Vergänglichkeit

plätschernd
der Regen
lässt Erinnerungen tropfen
Betonkrümel unter den Füßen
Zeitreise

Miriam Rieger

FLASCHENPOST

Ruhig plätscherte der Bach dahin und umspülte gluckernd Steine. Abgefallene Blätter tänzelten auf der Wasseroberfläche, kündigten den nahenden Herbst an. Sonnenstrahlen glitzerten im Wasser. Fest hielt Marietta ihre Flasche in der Hand. Das Etikett war entfernt worden, den Korken hatte ihr Onkel Gregor fest in den Flaschenhals gepresst. Im Inneren der Flasche ruhte ein eingerollter Brief, der nur darauf wartete, von jemandem gefunden, gelesen und beantwortet zu werden. Es war nicht das erste Mal, dass Marietta eine Flaschenpost dem Bach anvertraute, der hinter dem Restaurant ihres Onkels vorbeifloss. Sie hatte sich viel Mühe gegeben, in ihrer schönsten Schrift geschrieben, Buchstaben um Buchstaben geradezu gemalt und jede Ecke des Blattes mit kleinen Zeichnungen verziert. Auch die Adresse des Restaurants stand fein säuberlich im Brief geschrieben.

„Wunderschön", lobte Gregor. „Die Person wird gar nicht anders können, als ihn zu beantworten!"

Das hoffte Marietta. Behutsam legte sie die Weinflasche auf die Wasseroberfläche. Sofort nahm sich der Bach der Flaschenpost an, nahm sie mit auf die Reise, einem unbekannten Empfänger entgegen. Wie immer spürte Marietta, dass ihr Herz schneller schlug, vor Aufregung, weil sie nicht wusste, wer ihre Post erhalten würde, und vor Freude darüber, vielleicht eine Antwort zu bekommen.

Marietta blickte der Flasche nach, bis der Bach eine Biegung machte und die Post nicht mehr zu sehen war.

Die Erinnerungen strömten auf Marietta ein, ließen in Gedanken die Ruine des Restaurants zu neuem Leben erwecken. Beinahe schien sie das turbulente Treiben hören zu können, das den Alltag des Lokals bestimmt hatte. Die

Gespräche der Gäste, das geschäftige Treiben der Kellner, die Teller mit allerlei duftenden Speisen auf die Tische stellten und den in der gesamten Region geschätzten Wein brachten. Die Ferien hatte Marietta oft bei Gregor verbracht.

Mit dem Lokal, das an einem Bach lag, hatte sich Gregor einen Herzenswunsch erfüllt. All sein handwerkliches Geschick und seine Liebe zum Detail vereinigten sich in diesem Gebäude.

Wie wenig davon noch zu sehen war!

Wild wucherten die Büsche und Bäume. Äste ragten in das Gebäude hinein, das unübersehbar mit der Natur verschmolz. Durch leere Fensterrahmen blickte man in das Innere des Restaurants, sah zerstörte Möbelteile und Graffitis an ansonsten kahlen Wänden. Niemand hatte sich die Mühe gemacht, die Überreste durch einen Bauzaun abzuriegeln.

Vorsichtig stieg Marietta die Treppenstufen empor, die zum Restaurant führten. Erst als unter ihren Füßen etwas knackste, bemerkte sie, dass Glasscherben wie in einem surrealistischen Mosaik verteilt lagen. Eine plattgetretene, verrostete Dose lag eingebettet inmitten eines Mooskissens.

Mariettas Unbehagen wuchs mit jedem Schritt.

Im Inneren war der Verfall ebenso fortgeschritten, wie es die Fassade vermuten ließ. Im Eingangsbereich lag verstreut undefinierbarer Bauschutt wie in einem Mikado Spiel, das schon nach wenigen Zügen und vor langer Zeit aufgegeben worden war. Als Marietta darüber hinweg stieg, stieß ihr Fuß gegen einen Balken, der umfiel und den Blick auf etwas offenbarte, das bisher verborgen unter dem Schutt gelegen hatte.

Marietta stockte, den Blick starr auf den Boden gesenkt.

So vertraut. So zerstört.

Tränen stiegen ihr in die Augen, doch sie kämpfte nicht

dagegen an. Vor ihrem inneren Auge entstand ein Bild, farbenprächtig, detailreich, und so viel schöner als die Realität, die zu ihren Füßen lag. Sie hörte die Stimme ihres Onkels im Ohr, der ihr von fernen Ländern erzählte, von Abenteurern, gefährlichen Reisen und exotischen Tieren. Mit leuchtenden Augen lauschte sie seinen Worten und folgte mit Blicken seinem Finger, der über Kontinente, Wüsten, Länder und Ozeane zog.

Später tauschten sie die Rollen: Obwohl Gregor wusste, wo Marietta lebte, ließ er sich den jeweiligen Ort immer wieder zeigen. Dabei waren es die dazugehörigen Geschichten, für die er stets zwei offene Ohren hatte. Da Mariettas Vater im diplomatischen Dienst tätig war, war die Familie oft umgezogen, hatte in Porto, Moskau, Montevideo und Lima gelebt.

Die Landkarte hatte stets in Gregors Büro gehangen. Wieso sie nun ihr Dasein im Eingangsbereich fristete, war Marietta schleierhaft. Sie wischte sich die Tränen ab, räumte den Schutt zur Seite und sah auf die Landkarte. Eingerissen, vergilbt, von Fußabdrücken übersät. Ein Teil des atlantischen Ozeans war verschollen, Australien ausgebleicht, die Antarktis angenagt.

Behutsam hob Marietta die Landkarte auf. Auch wenn sie kaum mehr zu retten war, würde sie sie mitnehmen. *Hier lebst du*, hörte sie die Stimme Gregors, und automatisch wanderte ihr Blick nach Hurghada. Marietta war beruflich in die Fußstapfen ihres Vaters getreten, von Wanderstiefeln geprägt, die sie in die ganze Welt führten. Seit zwei Jahren lebte Marietta am Roten Meer. Wie sehr hätte sich Gregor gefreut, dass sie sich während ihres Urlaubs die Zeit nahm, ihn in seinem Restaurant zu besuchen.

Vorsichtig betrat Marietta den Gastraum. Wo früher gegessen, getrunken, geredet, gelacht wurde, blieb nur noch gähnende Leere. Graffitis prangten an den Wänden, umgeworfene Stühle lagen auf dem Boden. Erneut stiegen

Marietta die Tränen in die Augen, ein Schluchzen entkam ihr.

Wenn Gregor wüsste, was aus seinem Restaurant geworden war!

Mariettas Fuß blieb in etwas hängen, und beinahe wäre sie gestolpert. Überreste eines Fischernetzes schmiegten sich an ihren Schuh, so eingerissen, dass selbst ein Karpfen problemlos hindurchschlupfen mochte. Gregor war regelmäßig angeln gegangen, er hatte sein Netz im Bach ausgebreitet und darauf gewartet, dass die Fische hineinschwammen. Gefangen hatte er nie etwas, und nicht selten war er für seine mangelnden Künste geneckt worden. *Nicht jeder Angler brät sich abends einen Fisch*, hatte er mit einem Zwinkern gesagt. Doch tatsächlich hatte Marietta nie gesehen, wie er das Netz kontrollierte.

Wie in einem Traum suchte Marietta die Küche auf. Unter dem, was einst ein Herd gewesen war, fand sie eine staubbedeckte Flasche. Sie war grün, ähnlich denen, die sie für ihre Flaschenpost verwendet hatte.

Weißt du, was mich stört?, hatte sie Gregor gefragt. *Ich schreibe gern Briefe, aber es dauert immer so lange, bis die Post sie bringt.*

Im Laufe des Gesprächs hatte Gregor die Idee der Flaschenpost gehabt. Zuerst skeptisch, war Marietta schließlich Feuer und Flamme gewesen und hatte während ihrer Ferien täglich mindestens eine Flasche dem Bach anvertraut.

Und hatte tatsächlich Antworten erhalten.

Noch immer hob Marietta diese für sie kostbaren Briefe auf, obwohl aus keinem von ihnen ein dauerhafter Briefwechsel entstanden war. In einer Holzschatulle lagen sie: einige mit Hand, einige mit Schreibmaschine geschrieben, manche enthielten Zeichnungen oder Gedichte.

Ob es die Sammlung an leeren Flaschen noch gab, die Gregor ihretwegen angelegt hatte?

Marietta begab sich in den Raum, der ebenso wie alle anderen der Natur, dem allgemeinen Verfall und Vandalen zum Opfer gefallen war, früher aber Gregors Büro gewesen war. Ein einst imposanter Schrank füllte beinahe eine volle Wand. Früher zugesperrt und nur für Gregor zugänglich, standen alle Türen halboffen, hingen schief in den gebogenen Scharnieren.

Am Fuße des Schrankes befanden sich etliche Korken inmitten eines Scherbenhaufens. Lediglich einige umgeworfene Flaschen lagen im Schrank. Keine hatte ein Etikett. *Es sieht authentischer aus*, pflegte Gregor mit einem Zwinkern zu sagen. *Außerdem ist der Brief besser zu sehen.* Vorsichtig öffnete Marietta eine weitere angelehnte Schranktür.

Und erstarrte.

Wild durcheinander, aber noch ganz, befand sich auf diversen Regalbrettern eine ganze Flaschensammlung. Ein Etikett hatten sie nicht. Doch leer waren sie auch nicht.

Marietta schien sich selbst zuzusehen, wie sie nach einer der Flaschen griff, den Korken hinauszog und nach dem Inhalt griff, der nur darauf gewartet zu haben schien, aus seinem gläsernen Behältnis befreit und gelesen zu werden.

Ein eingerolltes Blatt Papier, verblichen, und doch wusste erkannte Marietta sofort die Schrift.

Es war die Ihre.

Zitternd sank sie zu Boden, presste fest das Papier an sich, schloss die Augen und stellte sich vor, wie sie den Brief schrieb.

Hast du dich nie gefragt, wieso du so viele Antworten auf deine Flaschenpost erhältst? Die Stimme ihres Vaters, gereizt. Er mochte es nicht, dass sein Bruder sie dazu animierte, beschimpfte dieses harmlose Hobby, das ihr so viel bedeutete, als Zeitverschwendung und sinnlose Träumerei.

Nein, Marietta hatte nie darüber nachgedacht, warum sich scheinbar so viele Menschen auf Briefe eines unbekannten Mädchens einließen.

Doch mit einmal war Marietta alles klar: Die Flaschenpost. Das Fischernetz, das nicht zum Angeln verwendet wurde, zumindest nicht, um Fische zu fangen. Sondern um die Briefe der Nichte aus dem Bach zu fischen.

Gregor! Eine Welle der Dankbarkeit für ihren Onkel überflutete Marietta.

Zu wissen, dass die Briefe scheinbar unbekannter Menschen wohl von ihrem Onkel stammten, entzauberte die Flaschenpost nicht, und niemals würde Marietta dieses Spiel mit den nüchternen Augen ihres Vaters sehen.

Es war eine Sache zwischen ihr und Gregor, und würde immer etwas Besonderes bleiben.

Ruhig plätscherte der Bach dahin und umspülte gluckernd Steine. Den Korken hatte Marietta tief in den Flaschenhals gesteckt. Ein Brief steckte darin, doch dieses Mal hoffte Marietta nicht, dass ein unbekannter Mensch ihn finden würde. Er war nur kurz, enthielt einen Satz, was ihm aber nichts von seiner Symbolstärke nahm. *Vielen Dank für alles, Gregor*, lautete die Zeile. Behutsam legte Marietta die Flasche auf die Wasseroberfläche. Sofort umfasste der Bach die Flasche, nahm sie mit auf seine Reise.

Selbst als die Post schon lange nicht mehr in Sichtweite war, schaute Marietta ihr nach.

Margot S. Baumann

LANDUNGSBRÜCKEN

Wenn an den Winterstränden Treibgut liegt
und weiße Vögel übers Wasser jagen;
die Strudel nach verlor'nen Chancen klagen,
dann fühle ich, dass mich die Angst besiegt.

Ich laufe los und folge alten Tritten,
von denen viele meine eignen sind,
die ich gegangen, noch als halbes Kind,
und die doch tief und schwer erlitten.

Und ganz am Ende, wo die Brücken stehen –
im letzten Schimmer, der aufs Wasser fällt –,
da halt ich still und drehe meine Welt
um eine Spur zurück ins Untergehen.

Sylvia Sabrowski
ALTER MANN*

Ich bin kein alter Mann
Doch stehe ich allein
über mir Förderturm
und Schacht

Bin mit der Zeche geboren
in ihr gewachsen
und gestorben
Atme Steinstaub
und halte Wacht

Ohne Hände
ohne Geleucht
reicht mein Blick
nicht weit
Stille
in tiefer Dunkelheit

Tausend Meter über mir
brennt irgendwo ein Licht
Des Bergmannsgruß
hörte ich lange nicht

Doch das Deckgebirge drückt
Streb und Halt brechen aus
und Stück für Stück
quetscht es Leben
aus mir heraus

Nimm mein Herz
aus Kohle
gedenke meiner
in der Nacht

Böse Wetter
in Flöz und Sohle
dass der Berg
mich ewig macht

*Als „Alter Mann" werden im Bergbau verlassene, aufgegebene, teilweise verfüllte Hohlräume bezeichnet. Wenn sie nicht mehr bearbeitet werden, drückt sich der Boden hoch, das Gebirge bricht irgendwann ein und drückt sich zusammen. Da die Belüftung eingestellt wird, entstehen „böse Wetter", also toxische Gasgemische.
Im Dezember 2018 wurde in meiner Heimatstadt Bottrop Deutschlands letzte Steinkohlenzeche geschlossen. Das Gedicht ist den ehemaligen Bergleuten gewidmet.

emissionslos
wartet ein entseeltes Dorf
auf den Tagebau

Friedrich Winzer

Gudrun Heller

Die Mauer

Stein um Stein
eine Wunde geschlagen,
mitten in das Herz.

Stein um Stein
Hoffnungen begraben
und Menschen gestürzt
in dumpfen Schmerz.

Grausam getrennt,
was zusammengehört,
entfremdet,
was sich einst so nah.

Und sind die Wunden
auch schon längst vernarbt
und die Mauer seit Jahren verschwunden,
Teile von damals sind für immer verloren
und lassen sich nicht wiederfinden.

alte Grenze
überwuchert von Pflanzen
der Hund hebt sein Bein

Sebastian Salie

Anna Martin
Suchen und Finden

Atlantis, das durch ein Erdbeben versunkene Paradies. Niemand kann beweisen, dass es einst existiert hat, geschweige denn wo. Aber vielleicht wollte Platon uns ja auch nur animieren, darüber nachzudenken, wo unsere verlorenen Gärten Eden zu finden sind. Welche Erschütterungen des Lebens sie ins Wanken oder zum Untergehen gebracht haben.

Ich will keinesfalls behaupten, dass mir derlei Gedanken nur ansatzweise im Kopf herumspukten, als wir uns auf den Weg zum Stausee machten. Im Gegenteil, ich konnte mich gerade nicht entscheiden, ob ich wütend oder erfreut sein sollte, dass es nun doch geklappt hatte und war weit davon entfernt zu ahnen, was ein harmloser Spaziergang in mir auslösen könnte. Ein langer, heißer Sommer lag hinter uns und der See war jetzt so leer, dass die Grundmauern der Häuser, die einst hier im Tal gestanden hatten, sichtbar wurden. Die Tourismusbranche witterte schnell ihre Chance und vermarktete es als Edersee-Atlantis.

Nur wenige Wochen im Jahr ist es möglich auf dem Grund des Sees zu wandeln. Schon lange hatte ich mir gewünscht, an einer Führung teilzunehmen. Es war jedes Mal etwas dazwischengekommen. Einmal war es zu heiß: „Bei fast 35° im Schatten muss ich mir keine alten Steine angucken!", meinte Adrian, mein Mann. Ein anderes Mal ging es mir gesundheitlich nicht so gut, so dass er sich nicht mit mir unter Menschen traute: „Womöglich kippst du mir noch um, das lassen wir mal schön bleiben!" Er hatte auf der Arbeit schon Stress genug.

Auch heute hatte er eigentlich berufliche Termine, ich war regelrecht erschrocken, als am späten Nachmittag das Telefon läutete.

Ich saß mit einer leeren Tasse Kaffee am Küchentisch,

unfähig sie in die Spülmaschine zu räumen oder die Kuchenkrümel wegzuwischen, geschweige denn mich allein auf den Weg zum Edersee zu machen.

Ich schob die Krümel mit meinem Zeigefinger zu einer Art Muster zusammen und starrte darauf. Nichts geschah. Natürlich geschah nichts, es stieg kein Phoenix aus den Krümeln und es formierte sich kein Bild oder Buchstabe wie beim Kaffeesatzorakel. Ich wusste nicht einmal, auf welche Fragen ich Antworten haben wollte.

Oder wusste ich es sehr wohl, wollte es mir nur nicht eingestehen?

Auf diese Art und Weise verbrachte ich die meiste Zeit des Tages. Unnütz vertane Minuten und Stunden, die mir unter den Fingern zerrannen. Ich saß einfach da und wartete, ohne zu wissen worauf. Sein Anruf riss mich zwar aus meiner Lethargie, aber gleichzeitig fiel mein Blick auf den Korb mit Bügelwäsche, den ich nun nicht mehr schaffen würde. Adrian hätte heute Abend zu Recht Grund zum Rummeckern.

Wir rasten in halsbrecherischem Tempo die kurvenreiche Straße entlang, Adrian telefonierte nebenbei, ich klammerte mich am Sitz fest. „Ist die Frauenstimme am anderen Ende ein Geschäftstermin? Wie kommt es, dass du nun doch Zeit und Lust hast, mit mir zum Edersee-Atlantis aufzubrechen?" Diese Fragen stellte ich nur stumm.

Wir kamen zu spät, die Einführung hatte bereits stattgefunden.

Die Führerin hatte Fotos von Pflanzen und Steinen verteilt, die wir auf unserem Weg suchen und finden sollten.

„Ein schönes Motto", sagte plötzlich eine tiefe Stimme neben mir. Ich schaute verdattert auf einen sympathisch wirkenden Mann, der eine riesige Kamera vor der Brust trug.

„Wie bitte?"

„Entschuldigung, aber Sie haben die einführenden Worte ja nicht mitbekommen. Darf ich mich vorstellen? Ich bin Christian und das ist mein Kollege Jens. Wir sind vom Fernsehen und machen eine Reportage. Suchen und finden ist ein gutes Thema, da lässt sich was draus machen."

Ich sagte nichts.

„Kaum zu glauben, dass im Normalfall zehn Meter Wasser über unseren Köpfen wäre, oder?", versuchte er noch einmal ein Gespräch in Gang zu bringen.

„Ja", wisperte ich. Mehr brachte ich nicht heraus, allein die Vorstellung nahm mir fast die Luft und Smalltalk war sowieso noch nie so mein Ding. Wir gingen schweigend weiter bis die ersten Teilnehmer stolz ihr Foto in die Höhe hielten und riefen „Das ist unser Motiv, wir haben es gefunden." Laut Führerin zeigte es alte Holzbanken, die schon über hundert Jahre im Wasser überdauert hatten. Unvorstellbar, wie so etwas möglich war!

Wir schritten die Fundamente eines alten Bauernhauses ab. „Manche Familien haben sich oberhalb des Sees wieder angesiedelt, ihre Häuser teilweise wiederaufgebaut. Andere sind fortgezogen, ausgewandert bis nach Amerika."

Der Kameramann filmte die Überreste der Grundmauern und meine Füße.

Ob die Menschen, die früher hier gelebt haben, sich die Ruinen ihrer Dörfer wohl mal angesehen haben, wenn es bei niedrigem Wasserstand möglich war?

Es wird sicher solche und solche gegeben haben, Neugierige auf der einen Seite, aber auch die, die es nicht ertragen hätten. Für die der Schmerz einfach zu groß gewesen wäre.

Ich hatte mehr Verständnis für die Letzteren. Wie furchtbar muss es gewesen sein, erst gerüchteweise, dann trotz aller Auflehnung, definitiv zu erfahren, dass du deine Heimat verlassen musst. Welch schrecklicher Lärm muss die Sprengung der Häuser in den Ohren derer gewesen sein, die alle Wurzeln kappen mussten?

Ich kann mich nicht einmal von einem alten Paar Schuhe trennen, obwohl ich mir nichts als Blasen in ihnen gelaufen habe.

Eine weitere Teilnehmerin hielt ihr laminiertes Blatt hoch, auch sie hatte ihr Motiv gefunden. Es zeigte eine krautige Pflanze mit gezähnten, lanzettenartigen Blättern und einer kleinen gelben Blüte, den dreiteilige Zweizahn.

Die Führerin nahm das Foto zum Anlass etwas über die Flora zu berichten: „Obwohl es schon fast Herbst ist, siedeln sich die Pionierpflanzen allen botanischen Gesetzen zum Trotz hier an."

Abgelenkt durch Adrians Handy, das in diesem Moment klingelte, bekam ich nicht ganz mit, was genau diese Pionierpflanzen ausmacht. Adrian nahm das Gespräch an und ließ sich etwas von der Gruppe zurückfallen. Meine Gedanken machten sich selbständig.

Wann war eigentlich die Leichtigkeit verloren gegangen? Es hatte doch so hoffnungsvoll begonnen. Alles war so gekommen, wie wir es uns erträumt hatten, nur die Kinderzimmer waren leer geblieben. Lag es daran? Reichten meine Wurzeln deshalb nicht tief genug und der nächste Sturm würde mich forttragen? Fast wünschte ich es mir. Wo war mein Platz? Wo eigentlich Wurzeln sein sollten, waren oberirdische Schlingpflanzen, die mich überwucherten und die Luft zum Atmen nahmen. So kam es mir vor.

Sie zerrten an mir und umklammerten mich, hielten mich fest. Sie bildeten ein undurchdringliches Geflecht, das mir einerseits Schutz und Sicherheit gab, andererseits verwehrten sie den freien Blick.

Was brauchte ich wirklich? Wonach lohnte es sich zu suchen? Was war mein Motiv? Warum sollte es mir nicht möglich sein, so wie diese Pionierpflanzen neue Wurzeln auszubilden, obwohl das Frühjahr schon lange vorbei war?

An einem Standort, der für mich der optimalste wäre! Wo die Bedingungen für mich so wären, dass ich wachsen und gedeihen könnte.

Der Kameramann platze mitten in meine Gedanken: „Dürften wir Ihnen eine Frage stellen? Sie ist auch ganz einfach."

Sein Kollege hielt mir ein Mikrophon unter die Nase.

„Schauen Sie einfach nur mich an", forderte er mich auf und sein Kollege fragte: „Warum haben Sie heute an der Führung teilgenommen?"

Mein Herz pochte.

„Äh, das ist hier was ganz Besonderes", stotterte ich. „Ziemlich einmalig." Ich schluckte.

Der Kameramann, Christian, lächelte mich aufmunternd an.

Und plötzlich fühlte ich mich, als ob der Staudamm brechen würde. Als ob Millionen Kubikmeter Wasser über meinem Kopf zusammenschlagen, durch mich hindurchrauschen und alles mit sich fortspülen würde. Ich hörte mich sagen:

„Die Frage mag Ihnen einfach vorkommen, doch die Antwort ist es nicht. Ich habe heute hier teilgenommen, weil ich sonst allein zu Hause gesessen hätte. Vielleicht hätte ich die Bügelwäsche gemacht, vielleicht hätte ich aber auch nur darauf gewartete, dass der Tag rumgeht. Wahrscheinlich hätte ich mich selbst bemitleidet und wäre nicht im Stande gewesen, eine Entscheidung zu treffen. Vielleicht hätte ich allenfalls Zucker auf die Fensterbank gestreut. Und wäre aus Angst und Bequemlichkeit am Fenster sitzen geblieben. Starr und unbeweglich, im Glauben, dem Garten Eden ganz nah zu sein.

Die Schicksale der Menschen hier, die so viel zurücklassen mussten, haben mich sehr berührt. Aber sie haben mir auch Mut gemacht. Mut, mich zu lösen von Vorstellungen, Glaubenssätzen, Orten- und vielleicht auch von

Menschen." Erschrocken hielt ich inne und schlug mir die Hand auf den Mund.

Was redete ich denn da? Gut, dass Adrian das nicht gehört hatte, ich war mir sicher, er hätte es äußerst peinlich gefunden.

Doch dann fügte ich noch an: „Es braucht nicht immer ein Erdbeben, manchmal reicht der Anblick kleiner, genügsamer, aber widerstandsfähiger Pflanzen, die sich immer wieder ihren Platz suchen und erkämpfen.

Aber das war wohl nicht Ihre Frage und senden dürfen Sie das auf keinen Fall!"

Christian schenkte mir ein warmherziges Lächeln und steckte mir eine Visitenkarte zu: „Darüber würde ich mich gern noch einmal mit Ihnen unterhalten."

In der Ferne sah ich Adrian sein Telefongespräch beenden und schnellen Schrittes auf die Gruppe zukommen, um den Anschluss nicht gänzlich zu verpassen.

herbstlicher Morgen
ich finde altes Geweih
in dunkler Lichtung

Klaus Werner Moormann

Christina Plischka

DAS ZIMMER

Der Spiegel versteckt sich
hinter einer Gardine
aus getrocknetem Minzgeschmack
und wagt einen Blick
in das Zimmer:

Haare liegen gekrümmt
auf dem Boden.
Jeder Lufthauch
lässt sie erzittern.

Das tropfende Uhrwerk
ist matt geworden.
Seine Schläfen
sind weiß.

Auch die Zahnbürste steht
leicht vornübergebeugt.

Sanft hat das Grau
die Fliesen zugedeckt.

Rotraut Marie Raecke

DAS ATELIER MEINES VATERS

Hier war die Empore, auf der mein Vater
sein Nachtlager errichtet hatte,
und unter der Kisten und Geräte lagerten,
und auf deren hölzernen Treppenstufen
ich mit meinen Gummitieren spielte.

Hier stand der Esstisch mit seinen Kerben im Holz,
umgeben von zusammengewürfelten Stühlen,
wie dem Drehhocker mit aufgesprungenem Polster,
auf dem ich oft Runde um Runde drehte,
in kindlichem Übermut, bis mir schwindelig wurde.

Und dort stand der alte Schrank,
von dem ich glaubte, dass er die Familienkasse hütete,
der bei jeder Runde, die ich drehte, als großer brauner Fleck
zwischen den sich vermischenden Farben gut erkennbar blieb
und dem kopflosen Kinderspiel mit greisem Lächeln zusah.

Sonst war der Raum bevölkert von Musik,
selbst, wenn er schwieg, schien es in ihm zu schwingen,
und dort, wo nun die Leere gähnt,
seh ich noch meinen Vater über seinen Partituren sitzen
und höre sein Denken klingen.

Margot S. Baumann
ALTER FRIEDHOF

Die hohen Mauern sind zerfallen,
vergessen ist der Namen Klang;
zerbrochen sind die Totenhallen
und längst verweht der Grabgesang.

Nur selten kommt ein müder Wandrer
vorbei und rastet kurze Zeit.
Dann fühlt er so, als würd' ein Andrer
die Zeiger dreh'n zur Ewigkeit.

Im Schatten einer Trauerweide
ruht er dann still und atmet sacht
und weint um unbekanntes Leide
und fürchtet seine eig'ne Nacht.

Dagmar Scherf
DER AFFENBROTBAUM

„Noch spür ich ihren Atem auf den Wangen:
Wie kann das sein, dass diese nahen Tage
fort sind, für immer fort, und ganz vergangen?"

Hugo von Hofmannsthal

Als wäre der Himmel
Die Erde
Reckt und versenkt
Der Affenbrotbaum seine Äste
Wie Wurzeln
Schlangengleich
In das rot flammende
Afrikanische Abendlicht

Hier war ich schon einmal
(In einem früheren Leben)
Weiß ich plötzlich
Hier will ich bleiben
Will Wurzeln schlagen
In Himmel und Erde

Es ist der letzte Abend
Die Koffer sind gepackt
Ich tränke den Affenbrotbaum
Mit allen Tränen
Unbeweinter Abschiede

Ein Moosteppich wächst
am stillgelegten Bahngleis
auf Abschiedstränen

Hannelore Imsande

Daniel Mylow
Leere Zimmer

Die Reise war mir wie ein langer Spaziergang erschienen. Geräumig wie Zimmer, dunkel und voller Verstecke mit Korridoren, die sich unter ganz verschiedenen Winkeln brachen, hatten die Gänge und Abteile des Zuges etwas seltsam Verlassenes an sich gehabt. Die Passagiere hockten in der Nacht, wo die Finsternis seit langem stillstand und die Deckenleuchten vergeblich ein schwaches Licht verströmten, Welle um Welle, in einem für ewige Zeiten vom dumpfen Stampfen der Räder festgelegten Rhythmus. Was noch dort saß, waren nur ihre Hüllen, täuschende Phantome, die mit matten Augen in die Leere der Lichter starrten, sinnlos mit den Wimpern zuckten, um den goldenen Staub der Schläfrigkeit abzuschütteln, der unablässig von den Leuchten rieselte. Der Zug schien in das Innere einer riesigen schwarzen Rose zu fahren. Der Nachtwind blätterte ihre samtene Fülle auf. Sterne schwammen darin.

Kurz bevor ich einschlief, sah ich einen Schatten, der sich langsam auf mich zu bewegte. Der Zug war stehen geblieben. Bestürzt, mit dem Gefühl, etwas versäumt zu haben, stieg ich aus.

Im Hotel erfuhr ich, dass die Konferenz, zu der ich angereist war, um einen Tag verschoben worden war. Als mein Zimmer bezogen war, entschloss ich mich zu einem Spaziergang.

Es war ein stiller Nachmittag, an dem ich ziellos durch die Straßen der Stadt lief. Die Hausfassaden zeichneten sich blass gegen den Novemberhimmel ab. Alle Straßen erschienen mir gleich, alles fremd, obwohl ich den Weg nie verlor. Es war später Nachmittag, als ich vor einem langgestreckten Gebäude stehen blieb.

Die schlanken Säulen trugen ein halbzerfallenes Kuppeldach. Dürre Gräser reckten sich an den Mauern empor.

Ein fast verwittertes Plakat wies auf eine Tanzveranstaltung hin. Offensichtlich war dies der ehemalige Kulturpalast, der noch vor dem Zweiten Weltkrieg während eines großen Balls ausgebrannt war. Damals waren viele Menschen in den Flammen ums Leben gekommen. Man hatte das Gebäude zwar wieder aufgebaut, aber nun stand es schon seit über einem Jahrzehnt leer. Ich lief durch eine Gruppe kahler Sträucher auf das Gebäude zu. Die Geräusche der Stadt verebbten, nur manchmal noch klang es aus der Ferne wie das Pochen eines metallenen Herzens. Ich lief um das Gebäude herum. Durch halbblinde Scheiben sah man in einen Saal. Eine Treppe führte zu einer offenstehenden Tür. Die dürren Äste eines Baumes klopften gegen das Fensterglas.

Ich betrat den Saal. Ein betäubender, noch minutenlang nachwirkender Druck blieb in meinen Ohren zurück, so als hätte ich auf einmal eine Tür hinter mir geschlossen. Ein rauchiger Geruch von Kälte empfing mich. Vierecke aus Licht bewegten sich zitternd über den Boden. Die farblose und wasserklare Luft stieg in geblähten Segelbahnen die hohen Wände empor. Meine Schritte hallten auf dem von Herbstlaub bedeckten Parkett nach. Die hohen Wandspiegel, die zerborstenen Kronleuchter, die Holzstühle unter den Fenstern; all das verglich ich mit erinnerten Bildern, für die es vielleicht nicht einmal mehr Entsprechungen gab. Kein Ort ist von Dauer. Dauer, hatte ich vor langer Zeit verstanden, ist nur im Augenblick, da wo noch nichts über sich selbst hinausweist.

Als ich den Saal durchquert hatte, stieß ich auf einen Korridor, der in einen anderen Gebäudeteil führte. An den Türen las ich die dort angebrachten Zimmernummern. Der Korridor wurde immer dunkler. Am Ende des Gangs begegnete ich einem Zimmermädchen. Ihr Blick wanderte zur Seite, als sie mich sah.

„Sie haben reserviert?" fragte sie mich. Ratlos sah ich sie an.

„Sie haben ein Zimmer reserviert?" wiederholte sie. „Jetzt schlafen alle", sagte sie. „Wenn sie aufgestanden sind, werde ich Sie anmelden".

„Schlafen? Aber es ist doch Tag..."

„Bei uns schläft man immer. Wussten Sie das nicht? Es gibt hier keine Nacht."

Hinter den Türen ahnte ich die Stille in der Dunkelheit der Zimmer. Auf dem hellen Pergament ihrer Haut schimmerte die himmelblaue Landkarte der Adern.

„Kommen Sie." Sie ging vor mir. Der Korridor wurde immer dunkler. In völliger Dunkelheit lehnte sie sich flüchtig an mich. „Da ist es", flüsterte sie. „Sie können eintreten."

Das Zimmer, das ich betrat, war völlig leer. Durch das helle Azur ihrer Augen flüsterte sie mir etwas zu, das ich nicht verstand. Rasch öffnete sie eine Zimmertür. Wir standen im sternenlosen Nichts. Es gab kein Zimmer. „Verstehen Sie jetzt?" Als ich mich nach ihr umdrehte, war sie verschwunden.

Plötzlich hörte ich die Musik. Ein klarer Rhythmus beherrschte die Melodie. Eine weiche und melodiöse Stimme fügte sich wie ein Instrument in die Musik ein. Ich lief zurück in den Saal. Gebannt lauschte ich den akzentuierten Schlägen, den winzigen Stopps, den lebhaften Einwürfen. In der Ecke stand ein verstaubtes Grammophon, das ich beim Eintreten gar nicht bemerkt hatte.

Am anderen Ende des Saals wartete jemand. Die Gestalt löste sich aus dem Schatten. Es war eine junge Frau. Sie trug ein Kleid, das sich aus roten und schwarzen Farben zusammensetzte. Ich sah, wie sie auf mich zuging. Den einen Fuß leicht vorgestreckt, den anderen dann erst im letzten Augenblick nachziehend, von einem Punkt zum anderen. Sie geriet nie aus dem Gleichgewicht. Als besäße ihr Körper gar keine Schwere. Ihre Arme waren leicht vom Körper weggebeugt. Über ihre offenen Haare fielen dunkle

Schatten. Ich wollte etwas sagen. Aber ich brachte kein Wort heraus. Wie im Schlaf fühlte ich zwischen meinen Lidern den Schatten ihres Körpers tanzen. Ihr Mund schien wie in Trauer versteint.

„Tanzen wir?" hörte ich sie fragen. Ihre Lippen hatten sich nicht bewegt. Sie beugte sich über das Grammophon. Ich sah auf ihren weißen Nacken. Die dunklen Linien winziger Härchen bildeten ein verblassendes Geflecht darauf. Ein Lufthauch trug mir den Duft ihrer Haare zu. Sie drehte sich um. Von irgendwoher zauberte sie ein Lächeln in ihre Augen. Schweigend nahmen wir die Tanzhaltung ein. Ihr Gesicht war mir ganz nah. Ich spürte ihren Atem auf meiner Wange. Sie schien zu träumen, während sie tanzte. Manchmal fuhr ihr ein Hauch durchs Haar. Für einen Moment war es dann, als würde sie aus ihren Träumen erwachen.

Das Bandoneon setzte den Rhythmus wie ein Herzschlag. Ihre Fußspitze zeichnete kleine Kreise auf den Boden. Langsame, dynamische Schritte voller Energie führten sie nach rechts, nach links, in Schritte, Figuren, Pausen. Da war nichts, was es festzuhalten gab, Kein Wunsch, kein Ziel; nur vage Erinnerung und Dunkelheit. Menschen saßen auf den Stühlen. Wenn wir uns ihnen näherten, schlugen sie mit den Armen wie mit Flügeln. Eine hektische Röte überflog ihre dürren Wangen. Andere verharrten in einer regungslos zusammengekauerten Pose mit verschleiertem Blick und einfältig lächelndem Gesicht. Es schien, als hätten sie sich hinter ihrer Einsamkeit verschanzt.

Ich spürte, wie sie der Melodie folgte, halb in Trance, voller Sehnsucht. Ich hatte lange nicht getanzt. Aber ich brauchte ja nichts anderes, als mich einzulassen. Ich brauchte nicht sprechen, nichts erklären, mich nur zu finden in der gemeinsamen Spannung, dem Ungelebten, der Verzweiflung, dem Schmerz. Ich erinnerte mich nicht mehr, wie lange wir so tanzten. Ich wunderte mich nicht mehr über ihr altmodisches Kleid, über ihre blasse Hautfarbe und das Maskenhafte ihres schönen Gesichts. Wie Ertrinkende verschwanden wir in der Flut unserer Schritte und Bewegungen.

Plötzlich war es still. Die Musik schwieg. Es war, als spürte ich sie nicht mehr. Langsam hob sie den Kopf von meiner Schulter. Ihre Hand glitt aus meiner Hand. Mühsam suchte ich nach Orientierung. In den Fenstern blühten die Flechten der Morgendämmerung. War es nicht längst Abend?

„Wollen wir noch tanzen?" hörte ich mich fragen.

„Später..." Sie stockte. Eine Träne hing zwischen ihren Wimpern. Sie legte ihre rechte Hand in meine linke Hand. Langsam strich sie mit der Handinnenfläche darüber. Luftspiegelungen standen wie Fieberträume im Geheimnis ihres Blicks. Sie zog mich in die dunklen Korridore. Wir eilten durch die Flugspuren schläfriger Gänge. Vor einer der Türen blieben wir stehen. Ich sah sie an. Für einen Augenblick hatte ich das Gefühl, dass alles um mich herum im Hauch der Luft zerfiel, sich lautlos in die Stille ihres Gesichts saugte. Ihre Augen gaben wie kleine Spiegel alle Gegenstände wieder. In ihren Tiefen wiederholten sich die Stunden. Sie öffnete die Tür. Es gab kein Zimmer. Wie eine Luftspiegelung stand der Saal vor unserem Blick. Die Menschen waren verschwunden. Sie zog sich aus. Ihre Hände irrten über meine Glieder. Wie das Zittern auf einem phantasierenden Körper. Sie legte sich auf mich. Ihr Mund zitterte leise. Die Euphorie ihrer Erregung fuhr über die kalten und toten Farben der Mauern. Ich schloss die Augen. Wir bäumten uns übereinander. Unser Atem stieß in die schwarzen Labyrinthe zwischen unseren Gesichtern. Die kleinen und dunklen Silhouetten ihrer Brüste schüttelten mit jeder Bewegung ihres rasenden Körpers gebrochene Farben über meinen Körper. Dann ging sie.

Lange noch glaubte ich ihre Schritte auf dem Gang zu

hören. Dann schloss sich der Lärm von der Straße wie eine unsichtbare Hand darüber. Ich lief ihr nach, starrte in die Schatten entlegener Winkel und Räume. Doch da war niemand. Nirgends. Alle Türen waren verschlossen.

Ich musste geträumt haben. Der Saal war leer. Vergeblich suchte ich nach dem Grammophon. Ein Windstoß wirbelte Blätter auf. Es klang wie ein Seufzen.

Silke Berke
Das alte Palais träumt mit mir

Komme ihm gefährlich nah...
Flügeltüren stehen offen
Bin ich eingeladen?
Inmitten des Prunksaales
Wächst eine hohe Buche
Ihre mächtige Krone
Brach durch die Decke
Grautauben nisten darin
Einige schwingen sich auf
Erschrecken vor mir
Sonnenstrahlen wie Lüster
Geist sieht ins Grüne
Tapetenreste pellen sich
Blasse Blumen trauern
Überwuchert von Efeu
Spinnenparadies fürwahr
Freitreppe nach oben
Es fehlen zu viele Stufen
Man kann sie nicht erklimmen
Blätter wirbeln auf dem Boden
Eine Gardine schleift im Wind
Ich höre dezente Walzerklänge
Genieße feinen Champagner
Eine heimliche Liebschaft
In nebulösen Gedanken
Anwesend und abwesend
Dreh mich ein paar Mal im Kreis
Entdecke Spuren von Stuck
Die Balustrade bröckelt
Atme trockenen Staub
Das Fest ist längst vorbei
Spukschwindel und Trug
Entferne mich wieder
Schweren Herzens...

Sabrina Schüssele

BELLE

Belle – das war einmal ihr Name gewesen.
Belle – das hatte „schön" bedeutet.
Belle – sie ertrug ihren Anblick im Spiegel schon lange
nicht mehr, hatte diesen Namen nicht mehr verdient.
Belle...

Wie lange war sie schon hier? Monate? Jahre? Sie hatte auf-
gehört, die Tage zu zählen, von denen ein jeder dem ande-
ren glich.

Ein ewiger Winter behielt das Schloss eisern im Griff
und der frostige Wind trieb totes Laub vor sich her durch
das zerschlagene Tor, dessen Überreste sie jedes Mal aufs
Neue an diesen Tag erinnerten.

Die Blätter lagen vor der Treppe und in den Ecken und
verrotteten, während sie einen Duft nach Erde und Wald
verbreiteten.

Das war so viel besser als der Duft des Todes, der sich
im Westflügel festgesetzt hatte.

Ihre geschundenen, rauen Hände zitterten, als sie noch
ein Tischbein in den Kamin legte, der mehr rauchte als
Wärme spendete, um sich die kalten Glieder zumindest ein
wenig zu wärmen.

Sie sah auf eine kleine Uhr, die auf dem Boden vor ihr
stand.

„Was würdest du an meiner Stelle tun, alter Freund?",
flüsterte sie der Uhr zu.

Doch nur ein leises Ticken antwortete.

Ein tiefer Seufzer entwich ihren aufgesprungenen Lip-
pen.

Mühsam stand sie auf. Nicht mehr lange, das wusste sie,
und ihr ausgezehrter Körper würde ihr den Dienst versa-
gen.

Die Schmerzen wurden schlimmer und sie immer schwächer.

Behutsam nahm sie einen angelaufenen Kerzenleuchter aus Gold zur Hand und entzündete einen der Wachsstummel, die noch darin steckten.

„Und du? Hast auch du keinen Rat für mich?", wisperte sie dem Kleinod zu und betrachtete es hoffnungsvoll.

Doch die Augen der Figur blickten starr an ihr vorbei.

Ihre Füße bewegten sich fast lautlos über den Boden, dessen Glanz verblasst und unter Schmutz und Eis begraben war.

Geschickt umging sie die zerstörten Möbel und die Scherben, die überall stumme Zeugen des letzten Kampfes waren, der hier getobt hatte.

Vor der riesigen Treppe blieb sie stehen und bemerkte zum ersten Mal wirklich die Risse und das geborstene Holz der Stufen.

Wie lange würde das Schloss noch durchhalten, bevor es sie unter sich begrub?

Ein fernes Poltern kündete von einen weiteren Einsturz.

War es dieses Mal wieder ein Stück Dach, das verloren ging? Oder ein ganzer Raum?

Ihr Atem stand als Wolke in der Luft.

Nein, noch war sie nicht bereit.

Sie brauchte zuerst etwas Wärme. Ihre Lunge schmerzte von der eisigen Luft und jeder Atemzug war eine Qual.

Sie wandte sich von der Treppe ab und hastete durch eine große Tür in den Speisesaal.

Sein Teller stand noch immer, wo er gedeckt worden war.

Das Gefühl von Enge in der Brust wurde noch schlimmer, denn sie wusste, er würde nie wieder kommen, nie wieder dort sitzen, nie wieder dort essen.

Was nützten ihr all die Bücher und das Gold ohne ihn?

Sie rannte weiter, vorbei an dem dunklen Raum voller Erinnerungen voller Wärme und Zuneigung, in dessen finsteren Ecken nur noch die Verzweiflung lauerte.

Die Tür der Küche schlug laut hinter ihr ins Schloss, unerträglich laut in der absoluten Stille des verfluchten Ortes.

Sie zuckte zusammen und sog scharf die Luft ein.

Als ihr Herzschlag sich wieder beruhigt hatte, ging sie zu dem alten Holzherd hinüber, der im Gegensatz zu allem anderen hier nicht mit Staub überzogen war.

In einer Ecke des Raumes befand sich eine Strohmatratze und ein Stapel Decken. Hier war der einzige Raum, den sie ein wenig warm bekam und so schlief sie seit geraumer Zeit neben dem Herd, um nicht im Schlaf zu erfrieren.

Sie schürte die Glut ein wenig und legte noch ein paar kleinere Holzstücke auf, dann stellte sie einen Wasserkessel auf die Platte.

Während sie darauf wartete, dass das Wasser kochte, nahm sie behutsam eine Kanne und eine kleine Tasse aus Porzellan, die sie beide auswusch und dann auf dem schäbigen Tischchen platzierte.

Sie suchte eine Weile in den Regalen an der Wand, doch schließlich fand sie noch eine Dose mit Kräutern für einen Tee.

Nur ein wenig davon streute sie in die Kanne, sparsam bemessen.

Versonnen sah sie die Kanne und die Tasse an.

„Nun, Madame? Auch von Ihnen kein liebes Wort, kein Trost, kein Lichtblick?", murmelte sie, während sie den Tee aufgoss.

Doch nur das Knacken des brennenden Holzes im Herd antwortete ihr.

Die eiskalten Hände vorsichtig um die kleine Tasse mit dem heißen Tee gelegt, starrte sie eine Weile vor sich hin.

Sie war müde, denn sie war immer hungrig und sie schlief schlecht.

Jede Nacht sah sie, wie er starb.

Immer wieder durchlebte sie, wie die Bewohner des Dorfes in selbstgerechtem Zorn in das Schloss eindrangen, um das vermeintliche Monster zu töten.

Und jedes Mal sah sie wie er starb, als Abscheulichkeit, weil sie zu stolz gewesen war, ihm ihre Gefühle zu gestehen.

Als der Tee getrunken und die Tasse abgekühlt war, sah sie ein, dass es keine weitere Ausrede gab.

Sie rappelte sich auf und nahm wieder den Kerzenleuchter zur Hand.

Eilig lief sie durch das Speisezimmer mit seinen Erinnerungen, durchquerte die Eingangshalle und stürmte auf die Treppe.

Eine vom Wasser aufgequollene Stufe brachte sie ins Straucheln und beinahe ließ sie den Kerzenleuchter fallen.

Mit einem hässlichen Geräusch zerriss ihr Rock, der sich an einem zerborstenen Stück des Geländers verfangen hatte.

Abrupt blieb sie stehen und sah an sich herunter.

Der Rock hing in Fetzen.

Sie schloss genervt die Augen und ließ die Schultern hängen.

„Nun, wer soll es auch bemängeln, wenn ich heruntergekommen aussehe?", sagte sie zu dem Kandelaber.

Doch gleich darauf meldete sich ihr schlechtes Gewissen.

So war sie nicht erzogen worden und so hatte ihr Geliebter sie auch nicht kennen gelernt.

Statt also in den Westflügel zu gehen, ging sie in ihr altes Zimmer.

Sie war nicht mehr dort gewesen, seit...

Die Türe klemmte, und sie musste sich mit aller Kraft, die sie noch hatte, dagegen stemmen.

Scheinbar hatte sie irgendwann einmal vergessen, das

Fenster zu schließen. Es war bitterkalt und der Wind heulte auf und riss ihr die Tür aus der Hand.

Schnell hielt sie ihre klammen Finger vor die kleine Kerzenflamme, damit sie nicht plötzlich im Dunkeln stehen musste.

Die Nacht war heraufgezogen, während sie im Schloss herum geirrt war.

Als sich der Wind wieder legte, sah sie sich unsicher um.

Eine Krähe krächzte empört von ihrem Ausguck auf dem Gestänge des Himmelbetts herunter und flatterte aufgeregt mit den Flügeln.

Der Himmel war zerfetzt von den Winterstürmen und die einzelnen Teile hingen steif gefroren und traurig herab.

Als sich ihre Augen an die schlechten Lichtverhältnisse gewöhnt hatten, sah sie in einer Ecke, weswegen sie gekommen war.

Ein Kleid, sorgfältig auf einer Schneiderpuppe aufgezogen, damit es nicht beschädigt wurde.

Es hatte die Farbe der Sonne, auch wenn es wie alles im Raum unter der Kälte, dem Schnee und dem Wind gelitten hatte.

Tränen schossen ihr in die Augen, als mit dem Anblick des Kleides auch die Erinnerungen an den Ball kamen.

Ein Ball, nur für sie und ihren Geliebten, eine Nacht voller Zauber und Romantik.

Nichts davon war ihr geblieben, außer diesem Kleid.

Sie wischte die Tränen weg, stellte den Kerzenleuchter ab und schloss das Fenster, dass bedrohlich in seinen Angeln ächzte.

Dann ging sie wieder zu dem Kleid, ihrem Kleid, und fuhr andächtig mit den Fingern über den Stoff.

Er war kühl, aber trocken.

Sie schlüpfte aus ihren schäbigen Sachen und mühte sich mit klammen Händen in das Kleid.

Als sie es endlich am Körper hatte, wagte sie einen Blick in den Spiegel.

Ein dürres Gespenst mit wirren Haaren und gehetztem Blick sah ihr entgegen.

Die Haut aschfahl, der Körper ausgemergelt, in einem Kleid, dass ihr nicht mehr so recht passte.

Schnell wandte sie sich ab, nahm ihren Leuchter und verließ das alte Zimmer.

Am Fuß der Treppe in den Westflügel musste sie Atem schöpfen. Es klang rasselnd und sie hatte den Verdacht, dass die Kälte sie vielleicht noch vor dem Hunger umbrachte.

Dann begann sie zögerlich den Aufstieg.

Mit jeder Stufe wurde es ein wenig kälter und der Wind ein wenig schneidender.

Die kleine Flamme der Kerze drohte mehrmals zu verlöschen, doch sie hielt immer wieder schützend ihre Hand davor.

Als sie endlich am Ende der Treppe angekommen war, zitterte sie am ganzen Körper und ihre Zähne schlugen klappernd aufeinander.

Sie stellte den Kandelaber ab. Hier brauchte sie ihn nicht mehr, der Mond schien durch ein riesiges Loch in der Wand und erhellte den Raum mit seinem silbernen Licht.

Dort, unter einer Glocke aus Glas, lag eine welke Rose, die einmal von einem tiefen Rot gewesen war. Jetzt im Mondschein wirkten ihre vertrockneten Blütenblätter fast schwarz.

Und daneben, mühevoll von ihr aufgebahrt, lag ihr Geliebter.

Das Gesicht mit Schnee gepudert und unverändert seit seinem Tod.

Liebevoll wischte sie die Schneeflocken beiseite und betrachtete das Gesicht, dass ihr die Welt bedeutete.

Andere würden ihn als Biest sehen.

Doch sie sah in dem zu Eis erstarrten Antlitz ihren Liebsten.

Leise flüsterte sie ihm Liebesschwüre zu, wie jede Nacht, wenn sie ein Weilchen an seiner Seite saß.

Der Schuss eines Jägers aus dem Dorf hatte ihn getötet.

Der Fluch hatte sein Ende in seinem Tod gefunden, wenn auch anders, als es im Märchen erzählt wurde.

Seine Gefährten würden nie wieder Menschen sein.

Und er war tot. Blieb tot.

Keine gnädige Zauberin erschien und holte ihn von den Toten zurück, nahm den Fluch von ihm und schenkte ihnen allen ein „und sie lebten glücklich bis ans Ende ihrer Tage".

Einzig eine junge Frau erinnerte sich an ihn, wenn sie in einem einsamen, verfallenden Schloss, in dem ewiger Winter herrschte, neben seinem Leichnam saß und ihn betrauerte, während der Rest der Welt längst wieder vergessen hatte, dass dieser Ort und seine Bewohner je existiert hatten.

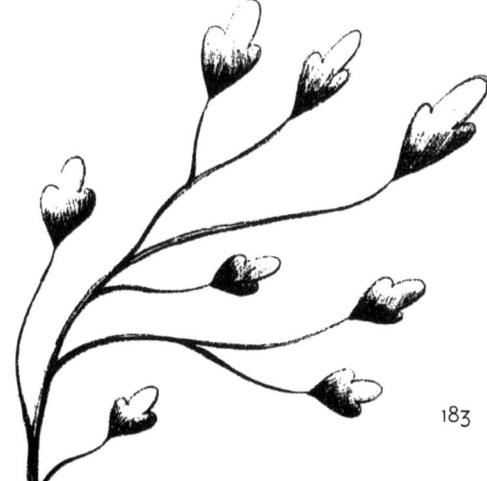

Sabine Wreski

ELYSIUM

Wo Essigbäume
zwischen schlanken Birken wachsen,
und Südseepalmen
nur im eignen Tagtraum schwanken,
da gehen wir einander nicht verloren,
kommt nichts Bedeutendes abhanden.

Denn dort, wo unter unsren Füßen
Splitter knirschen, wo
Zäune fielen und kein Laut
die Luft bewegt, entdecken wir,
herabgefallen, umgestürzt,
ein Paradies, geborgen
zwischen Schutt und Asche.

Herrscht in den Becken, wohlgeformt,
nicht mehr als Ebbe,
ist eine Rutschpartie
ins kühle Nass nicht mehr vergönnt,
griffen einst Feuer um sich, krachte das Gebälk,
sind nur wir zwei, sprudeln fast über und
beten an der Sonne Macht.

In dunkler Ahnung unbeschwerter Zeit,
bevor der Spaß herausgerissen aus
den Stahlgerippen und
in durchbroch'nen Räumen
Teufels Fratze höhnisch aufgelacht,
schenkt uns ein Ort wie dieser,
die zerstörte Mitte und ein Gefühl,
als bliebe diese heimlich stille Wonne.

Alexandra Jasmin Anvari

WEIL SIE HIMMEL WAR UND ER ERDE

Als sie erwachte, zogen lachend die Möwen ihre Bögen über dem tiefblauen Atlantik. Glitzernde Silberfunken tanzten auf dem Wasser ihr Spiel und leise sang sich mit diesem Bild das Wort „Laridae" in ihr Gedächtnis. „Laridae", du bist meine hübsche, freie Möwe, eine Seglerin zwischen Himmel und Erde. Du kannst nicht hier eingesperrt sein mit mir. Du musst fliegen, Laridae. Du musst frei sein, wie die Möwen. Hörst du..."

Elsa atmete schwer aus, schälte sich aus den Leinendecken und begab sich zum Fenster.

Weit und erhaben lag der Atlantik vor ihr. Das Silber der Mittagssonne drang warm und freundlich durch das große Glasfenster der Veranda. Sie öffnete einen Spalt breit die Türe und sog den salzigen Geschmack des Meeres in sich auf. Oh ja, es war so gut, wieder hier zu sein. Es war die richtige Entscheidung gewesen.

Gegenüber der Schlafcouch stand ein altmodischer Schminktisch mit ovalem Spiegel. Sie trat näher an ihn heran und strich sich liebevoll über die faltige Haut. Dreiundsechzig Jahre war es her, als sie die Insel verlassen hatte, dreiundsechzig Jahre, die zwischen Laridae und ihr lagen, dreiundsechzig Jahre, die sie vom schönsten Erlebnis ihres langen Lebens trennten; dem Schönsten und dem Schmerzhaftesten. Sie war seine Laridae, seine Möwe gewesen, verspielt und doch stolz, voller Lebensfreude und doch mit einer tiefen Ernsthaftigkeit beseelt. Sie liebte das Meer und die Freiheit und sie hatte den großen Traum, zu fliegen. Sie wollte Pilotin werden, die Welt sehen. Elsa lachte auf. Sie hatte Glück gehabt. Sie hatte sich ihren Traum erfüllen können.

Doch all die Jahre war da auch diese Wehmut in ihr geblieben. Der Schmerz über den Verlust der großen Liebe.

Damals musste sie sich entscheiden: Er oder die Freiheit. Sie entschied sich für Letzteres.

Es klopfte an der Türe. Elsa strich sich das Haar zurecht, das sie zu einem lockeren Knoten am Hinterkopf gebunden hatte und schritt zur Tür. „Taxi für Signora Sneider." Der kleine, runde Taxifahrer wies Richtung Auto und Elsa folgte. „Si, si, ich komme." In Serpentinen ging es steil die Felsküste hinauf. Elsa war beeindruckt vom Ausbau der Straßen. Früher war das Haus ihrer Eltern kaum zu erreichen gewesen.

Sie genoss die laue Februarluft der Kanaren, das Grün der Palmen und das stählerne Blau des Himmels, das ihr heute ohne jede Trübung das Gesicht wärmte, als wollte es sagen: „Ja Elsa, es ist gut, dass du da bist. Da ist nichts, was dich aufhalten wird, deinen Frieden zu finden."

Bald lag das grüne Tal unter ihr und selbst oben auf dem Plateau schien heute die Sonne, hatten der Wind und die Wärme den Nebel verjagt. Nach einer weiteren Stunde in steilen Kurven bergab, durch die Enge des Waldes, teils auf rutschigen Geröllstraßen, hielt der Taxifahrer endlich und Elsa bat ihn, sie noch weiter nach unten zu begleiten. Dem verdutzten Gesicht des Taxifahrers streckte sie 100 Euro entgegen. So klemmte er sich kopfschüttelnd die Dame unter den Arm. Klopfenden Herzens stieg sie den schmalen unbefestigten Weg zur Villa Ida herab. Sie hatte es kaum glauben können, als sie erfuhr, dass sie noch dastand. Doch nach einer guten halben Stunde Fußmarsch sah sie sie mit eigenen Augen, kaum wiederzuerkennen unter all den wuchernden Pflanzen, die sich ihr Reich zurückgeholt hatten. In gutem Vertrauen bat sie den Taxifahrer, hier auf sie zu warten. Einige Schritte ging sie noch dem Haus entgegen, dann hielt sie inne. Sie schloss die Augen, sah sich im Garten umher rennen; den Vater, der sie verfolgte, sie schließlich einholte, sie packte und wild im Kreis herumwirbelte. „Du kleines Luder, du Wildfang, was haben wir da nur für ein Mädchen in die Welt gesetzt?" Elsa kicherte. Als sie die Augen wieder öffnete, fiel ein Lichtstrahl durch die Zweige der Bäume auf die Rückseite des Hauses. Das Dach der Villa war gänzlich eingestürzt. Was vor ihr lag, war eine Ruine aus Mauern, Steinfassaden, die dem Atlantikwind trotzten und tief in ihrem Inneren Erinnerungen für die Ewigkeit verborgen hielten. Das Küchenfenster war nur noch ein Loch in der Wand und gewährte nun Schlingpflanzen und Moos den Eintritt ins Haus. Elsa erinnerte sich an die Stunden vor Heilig Abend, als sie Martha in der Küche half. Der Duft von Zimt und Rotkohl legte sich wohlig auf ihren Gaumen und löste wahre Wonnegefühle in ihr aus. Sie schritt langsam um das Haus herum und erreichte die Verandatreppe. Die Steintreppen waren teils abgebrochen, teils von Grün bedeckt und auch der Blick auf ihr geliebtes Meer war verschleiert von Bäumen und Gestrüpp. Weit aufgerissen hingen die zerschlagenen Glastüren in den lockeren Angeln und mit jedem Windstoß knarzten sie die Melodie längst vergessener Stunden. Wie oft saß sie hier und hatte ihren Gedanken nachgehangen, die Weite inhaliert, Gott für ihr Glück gedankt.

Ihr Glück – ja, ihr Glück war er gewesen, ein Geschenk des Himmels, ihr Alvaro. Sie hatte ihn so geliebt. Doch er – das war ihr bewusst – liebte sie noch viel mehr. Er empfand so tiefe Liebe zu ihr, dass er ihr die Freiheit schenkte. Er wusste, dass ihr Lebensweg nicht mit dem seinen vereinbar war. Er war das Kind südamerikanischer Auswanderer und war so anders in seinem Wesen als sie, so mit der Erde verbunden. Sein Platz konnte nur hier sein, bis zu seinem Tode. Er war hier geboren und er wollte hier leben, hier Kinder zeugen, sie die Sprache des Waldes, der Erde und des Meeres lehren. Er hatte seine Seele dieser Insel verschrieben und er wollte seinen Körper hier lassen, wenn er wieder einging in das Reich seiner Ahnen. Elsa schluckte trocken und wischte sich die Tränen von den Wangen. Sie vermied es, ins Haus zu gehen. Sie wollte gleich den Ort auffinden, den Ort, wo sie sich das erste Mal liebten, und hunderte Male darauf, den Ort der großen Geheimnisse und Sehnsüchte, den Ort ihres unsäglichen Glückes und den Ort, an dem sie sich unter Tränen für immer „Leb Wohl" gesagt hatten.

Etwas unterhalb des Hauses hatte damals ein kleiner Pfad zu den Ziegenställen geführt. Elsa hoffte innständig, dass sie die Ställe wiederfinden würde. Das Gestrüpp und die Unebenheit des Weges machten es ihr nicht gerade leicht, ihr ersehntes Ziel zu erreichen. Mehrfach verfluchte sie ihre steifen Glieder. Wie leichtfüßig war sie doch früher bei Dunkelheit diesen Weg entlang gesprungen. Ihr Haar verfing sich mehrfach im Geäst der tiefhängenden Zweige, bis sie es schließlich aufgab, ihren Knoten im Haar zu bewahren. Sie löste ihn gänzlich. Ihr schien, als wolle die Natur ihr die Wildheit ihrer Jugend zurückgeben. Heftig blies ihr nun der Atlantikwind entgegen, verknotete das feine Haar und rötete ihr die Wangen.

Endlich! Da lag er plötzlich vor ihr, Stein auf Stein. Sie erinnerte sich noch ganz genau, wie die Arbeiter den Stall damals für ihren Vater errichteten, wie sie die unterschiedlich großen braun-orangenen Steine sorgfältig übereinander schichteten, bis letztlich zwei niedliche Häuschen dort aufragten. Elsa strich sacht über die rauen Brocken. Die Ställe sahen fast unversehrt aus, so als ob sie bis vor kurzem noch genutzt worden waren. Ihre Beine begannen zu zittern. Elsa fühlte, wir ihr langsam Tränen über die Wangen rannen. Immer mit einer Hand an der Hauswand umschritt sie es einmal. Die Türe stand offen und sie drängte sich auf schwachen Beinen in das Innere des Hauses. Dunkelheit umfing sie, ehe ihre Augen sich an das schwache Licht gewöhnt hatten. Sie glitt an der Wand zum Boden herab und lies ihren Gefühlen freien Lauf. Sie schluchzte unaufhörlich, den Kopf auf die Knie gelegt. Beruhigend strich sie sich mit ihren Händen die Waden entlang und sagte sich immer wieder: „Es ist gut Elsa, es ist gut, alles ist gut..."

„Hab keine Angst meine geliebte Laridae. Gott wird dich schützen und ich werde immer in deinem Herzen sein." Behutsam küsste er ihr die Tränen vom Gesicht, streichelte sanft ihren Nacken und bedeckte auch ihn mit Küssen. „Du bist ein Vogel, frei und wild, und du musst erfüllen, was Gott für dich vorgesehen hat. Und ich muss erfüllen, was er für mich vorgesehen hat." Er hielt ihr Gesicht in seinen kräftigen Händen, legte seine vollen Lippen auf die ihren und hauchte ihr seinen Atem ein. „Ich bin bei dir, für immer."

Elsa wurde weich, ganz weich. Alles in ihr öffnete sich. Es war, als würde der Himmel in ihr singen, das Meer in ihr schäumen. Alvaro öffnete ihre Bluse und versank in ihrem Dekolleté. Sacht umkreiste seine Zunge ihre roséfarbenen Knospen. Er bedeckte ihre weichen Brüste mit Küssen und knetete sie begehrlich. „Ich liebe dich, meine wilde Laridae, ich liebe dich und ich schenke dir die Freiheit." Elsa presste ihre Schenkel gegen seinen Unterleib. Sie spürte sein hartes Glied und sie stöhnte leise auf. Ihre Becken begannen zu kreisen und die Hitze der Leidenschaft legte sich über sie. Stürmisch riss Elsa sich das Höschen vom Leib und öffnete den Gürtel Alvaros. Langsam, sehr langsam führte er seine Männlichkeit in sie ein. Elsas Tor stand ihm offen. Feucht umfing sie seine Lust und schenkte ihm ihre Schreie, ihr Stöhnen, ihre Liebesmelodie. Immer wieder hauchte er ihr zärtlich: „Meine Laridae, meine geliebte Laridae, ich werde dich immer in meinem Herzen bewahren" ins Ohr. Und Elsa fühlte Lust und Schmerz zugleich, ließ sich treiben auf diesen Wellen von Glück und Unglück, bis sie zu explodieren begann. Sie beide zerbarsten wie die mächtigen Wellen am Fels. Tausende Perlen von Glück und Unglück schleuderten in die Unendlichkeit und sie sanken schwer atmend zu Boden. Lange blieben sie so vereinigt am Boden liegen. Lauschten ihrem Atem und dem Atlantikwind, als er sagte: „Eines Tages wirst du wiederkehren. Dann gib etwas von deinem Körper zu meinem Körper in die Erde dieser Insel. Dann sind Himmel und Erde wieder vereint."

Elsa erhob sich. Sie nahm die Schere aus der Tasche und schnitt sich eine Haarsträhne ab. Ihre Hände gruben sich durch den harten Boden. In die entstandene Kuhle legte sie ihr Haar und flüsterte: „Wie du es gewünscht hast, mein Liebster. Nun sind wir wieder vereinigt."

Marina Maggio
VERORTUNG GLÄSERN

Stumm bleiben, deinen Namen zu denken
ohne dabei zu hadern.
Die Augen schließen, um zu erkennen, dass
du trotzdem in mein Blickfeld trittst.

Ich denke daran mich mit deiner Abwesenheit
abzufinden und mit der Tatsache, dass alles Blut
aus unserer Herzzeit gekeltert ist.

Unsere Herzen, verlassene Orte.

Die Gegenwart dichtet uns hinter Glas.
Dort liegen wir Haut an Haut.

Die Nacht duftet nach Sternanis und
die Erinnerung streut dein Gesicht in
die Luft... Augen ohne Wurzeln. Ein Mund,
der nicht bleiben kann.

Der Winter hat uns Eisblumen vererbt.
Jeder pflückt so viel er kann.
Morgen schon, wird die Sonne sie einfangen
mit ihrem strahlenden Blick.

Morgen schon, wird uns die Gegenwart aus
unserem Blütentraum lösen.
Die Gedanken daran halten mich wach wie
eine juckende Haut.

Was bleibt uns daher übrig, als heute zu sein
und später dahinzuschmelzen mit der Zeit.

Swetlana Reinhardt

AUSGESPIELT

Eingekehrt,
um
zu fühlen,
zu spüren,
was uns einmal verband,
was uns
erfüllte.

Ich öffne die Schachtel
und
erblicke;
speckiges Papier
und
kleine Figuren.
So groß sie mal waren,
so leicht sie nun wirken.

Ganz still
und
leise
ist das Lachen
zu hören.
Die Sorglosigkeit
zieht ein
in die Seele.

Fest verschlossen
wird
sie verstaut,
sie soll
wie einst
ihren Zauber
weiter verrichten.

Als Ort
voller
Liebe,
Hoffnung
und Frieden.

Verlassenes Haus
auf der Abrissbirne landet
ein Schmetterling

Gerd Romahn

Über die Herausgeberinnen

Stephanie Mattner

Die Wahlberlinerin studierte Germanistik mit Schwerpunkt auf das Editionswesen. Derzeit arbeitet sie für einen etablierten Selfpublishing Dienstleister. Als Mitglied bei der „Kreuzberger Literaturwerkstatt" und bei den „Poeten vom Müggelsee", bringt sie sich aktiv am Literaturgeschehen ein, was sie mit ihrem Herzensprojekt „SternenBlick" fortführt. Mit „Wortgeworden" erschien 2017 im Diotima Verlag ihr erster Gedichtband. Weitere Gedichte sind in verschiedenen Anthologien veröffentlicht.

www.stephanie-mattner.de

Dagmar Tollwerth

Die mit ihrer Familie im westfälischen Anröchte lebende Autorin veröffentlichte als Lyrikerin die Haiku-Sammlung „Zeigerloser Weg" (2013), „Atmende Bilder" (2015) und „Spuren in Worten" (2016). Ihre Erfahrungen im Haiku-Schreiben gibt sie als Referentin in Workshops weiter. Daneben ist 2016 ihr Roman „Ich & Jetzt" erschienen, sowie eine Novelle und Kurzgeschichten.

Über die Künstlerin

Neusa Sobrinho Amtsfeld

Die Künstlerin wurde in Murça (Portugal) geboren. Nach dem Abitur in Porto, beschäftigte sie sich intensiv mit der Malerei. 1974 folgt ein Studium an der Hochschule für Bildende Kunst. Sie lebt und arbeitet in Frankreich, Italien und Spanien. Prägende künstlerische Impulse erfuhr sie durch Prof. M. Delreux, S. Greco und N. Velasquez. Seit 1978 lebt und arbeitet sie als freie Malerin, Sprachdozentin und Dolmetscherin in Deutschland.

Über den Verein

SternenBlick e.V. ist ein gemeinnütziger Verein zur Förderung zeitgenössischer Poesie. Seit Mitte 2013 werden jedes Jahr themengebundene Anthologien, Monografien und zwei Heftreihen herausgegeben, die die dichterische Vielfalt abbilden und bewahren. Ergänzend bieten wir unterschiedliche Leseformate, Workshops und Veranstaltungen im Großraum Berlin an.

Alle Veröffentlichungen, aktuelle Ausschreibungen und Termine sind der Homepage zu entnehmen:

www.sternenblick.org

INHALTSVERZEICHNIS

FSC

www.fsc.org

MIX

Papier aus ver-
antwortungsvollen
Quellen
Paper from
responsible sources

FSC® C105338